YOUR LIFE TRAIN FOR IT

硬核健身

贝尔速成训练法

[英] 贝尔·格里尔斯
[英] 纳塔利·萨默斯
著

李涵嫣 译

金城出版社
GOLD WALL PRESS
中国·北京

"健美或者贝尔式健美……你来选择！"

我想把我和娜塔莉还有 BG EPIC 团队共同研究出的这种高强度速成训练，献给所有想要变得前所未有健美、强壮的人。

指导广大健身爱好者的同时，又能给大家带来欢乐是我们的心愿。

娜塔莉，在我努力和变强的旅程中，你为我指明了方向，并赋予乐趣！
未完待续……

CONTENTS

自序 … 004
1 锻炼原则 … 008
2 锻炼课程：壶铃、徒手和拉抻 … 014
3 前期准备 … 018
4 练习大全 … 024
    壶铃阻力练习 … 026
    徒手练习 … 058
    拉抻练习 … 100
5 健身 … 128
    集中式健身 … 140
    贝尔英雄式健身 … 166
6 个人健身计划 … 180
7 能量与修复 … 190
8 附录：跟踪进度 … 198
9 最后的话 … 207

自序 INTRODUCTION

事先声明一下，我多么希望自己是个天生的运动员啊，可惜我不是。

在我的整个人生里，从上学到参军到后来的爬山和远征，我的身边永远都有不费吹灰之力就能完成需要力量、耐力和敏捷壮举的人们。而最让我嫉妒的一点是，他们好像从来都没有健过身。

但事实上，很少有人天生就是那样。大多数人，包括我，为了变得健美并且保持健美，都需要增加肌肉的力量、柔韧性和耐力，这要投入大量的时间、努力和决心。

健身还需要知识，也就是我这本书要讲的内容。

我之前花了很多年练习伸展，但是我的方法却是错误的。我可以一直这样练习下去，但永远不会取得巨大的进步。我有的只是一颗拥有莫大的信念和毅力的心，想要努力消除我和我身边那些运动天才的差距。

这样练习下来确实有了一点成效，我很健康也很强壮，柔韧性也不错。不像那些半途而废的人，我坚持下来了，也确实获得了荣誉和勋章。但是你不会相信，我看起来并不是那样强壮和健美。再坦诚一点，或者是有些虚荣地说，我要的不只是这样的事实，我要的是外表看起来也是一样的强壮和健美。

所以我开始看书。但是那些健身的书讲的都是什么？就像我们追寻灵感的路上总会遇到恐惧一样，我们追寻健美的路上也总会产生"我怎么可能变成那样"的疑问。但我还是坚持看下去了，同时坚持锻炼，确实有效。

还有一件鼓励我写书的事是，我不想等我老了的时候因为从来没有做过用手走路、后空翻或者头碰膝盖之类的高难度动作而感到遗憾。所以我开始尝试着做这些，有好几次险些丧命，但是我坚持下来了，而且做到了。

但令我非常不解的是，我看起来还跟过去一样。困惑越来越多，我甚至开始觉得基因决定了我们根本不能改变自己的样子，不能让我看起来像我事实上一样健美。

但是我还是不甘心，我想要改变，我开始寻找更聪明和有效的办法去健身，在增强力量、耐力和柔韧性的同时也让我外表看起来健美，这是我的目标。

虽然我参军和登山的经验帮我建立了一定的耐力和力量，但是让我真正增加身体的力量速度和柔韧性是从我拍求生节目开始的，不仅仅是体力。

我开始变得忙碌起来。虚荣和真正的工

> 有一种魔力
> 正在开始……

参军和攀登珠穆朗玛峰之前,我这样了好几年。当时我29岁,像块石头,比现在重一半。

作需要组合成了一种奇怪的力量,我开始尝试现有的很多健身方法,当然也经历过失败,但是慢慢地我摸索出了哪些才是真正有用的方法。

我当时一直在寻找一种快速有效的方法。我想要它既有趣又热血,当然最重要的是能让普通人获得可喜的结果。

但我必须承认,这很难。

后来,通过一个朋友,还有别人的一再推荐,我开始经常跟娜塔莉一对一地训练,很快就让我大开眼界。

这种锻炼方式是我从来没有见过的。不仅时间比我见过的所有练习方式都短,而且要难得多!它不是单纯的举重或无止尽的跑步,不是任何枯燥的重复运动。

相反,它永远都是围绕效率和核心展开的,也就是说它从来都不会只单独锻炼肌肉。我之前的锻炼都是分区进行的,这种方式我从来都没有见过。连俯卧撑都是单脚支撑,并且膝盖触碰手肘才算完成。既有爆发也有平缓,这两种状态总是在交替进行。

这种锻炼结合了有氧运动、举重训练、瑜伽和现在最流行的HIIT(高强度间歇训练)。

它的三个练习课程是:壶铃训练、徒手训练和拉抻(在第二章会深入讲到)。

后来我注意到几乎所有的报纸和健身杂志都开始认可这种练习方式所带来的效果。但是我和娜塔莉早已经采用了两年,所以每当看到这样的报道的时候,我都会为自己引领了新的潮流倍感骄傲。

终于,我发现自己的体形开始改变了。我看起来更精致、健美和有柔韧性,同时更快速、灵活和强壮。而且最难以置信的是,我根本不用每天花费6小时健身(就像麦当娜的歌一样)。每天最多只要半小时进行高强度练习,我甚至都为此感到内疚,这到底是怎么做到的?

半小时是上限了,我们有的时候会用更高强度的训练把锻炼时间缩短到10分钟。这真的改变了很多。我是否真的能在这么短的时间内获得我想要的锻炼效果呢?

事实证明是可以的,有时候甚至在锻炼完4小时之后我还能感到肌肉的抽搐,这是我在传统健身方式中从未体验过的。这种后续的燃烧感(见第10页)很好地说明了肌肉经过刺激开始增长,也说明了热量仍然还在燃烧。

我知道这些现象绝对是通过简单跑步或者重复举重做不到的。

所以我坚持做着,坚持改变着。

我也发现越来越多的研究表明,这种短小精悍的高强度训练方式比传统冗余的方式要更有益更减脂,而且对胆固醇也有惊人的益处。但是其实我更爱的还是虽然我年龄渐长它却让我前所未有健美的事实。

当然我在别的方面也有研究,比如如何保持营养均衡。这绝对是在学校和军队都学不到的知识。但它却是健身至关重要的环节。我开始阅读和学习,重新去发现自然真实的美味。因为我知道最基本的盐、糖和脂肪都源于自然。

我保证你一定会喜欢我书里有关营养均衡的部分。它对健康和长寿的益处使我大开眼界。

39岁的我正拥有着前所未有的健美、速度和柔韧性,难以置信却又相见恨晚。

我现在每周锻炼4~5天,每次半小时,吃得健康又美味,看起来就像我20多岁时希望的那样。

总之,这种锻炼方式给我的人生带来了巨大的改变。

这本书也即将改变你的人生。

这是你的人生,试着锻炼吧。

让我们开始吧!

更瘦更健美更健康的我(已39岁)!

1 | 锻炼原则
TRAINING PRINCIPLES

这章的锻炼原则在身体和心理上都鼓舞着我，也极大地丰富了我的人生。
遵守它，就会收获和我一样的结果。

我所有的锻炼都遵循以下四个关键原则：

- 目标明确
- 过程短小精悍
- 循序渐进与多样化
- 注重效率和核心

让我逐一讲解这些重要的健身基础，稳固的原则能助你超越痛苦，渡过难关。

明确的目标

"锻炼会让你成为强壮、柔韧、有力和灵活的运动健儿！"

我的关键原则之一就是要有一个清晰、明确、可行的目标。比如以下几点：

- 高素质的心血管——健康有力的心脏。
- 高素质的肌肉——拥有耐力和力量。
- 可伸展较远距离的关节——柔韧性。
- 提高行动能力（比如大脑和神经控制肢体动作的能力）——灵活、速度、平衡、协调、力量和反应时间。
- 日常饮食营养平衡。
- 理想的体重和体脂。
- 应对日常生活和社交压力的能力。

短小却精悍的过程

"重要的是质量，而不是数量。"

没错，另一个原则就是短小精悍的锻炼过程，我们叫它"速成式训练"。谁不爱事半功倍呢？

这种爆发式的训练很适合现在快节奏的生活，长至工作前或者午休时的30分钟，短至随时随地哪怕会议休息时的3分钟。

所以，我书里写的速成式锻炼的时间也就是3～30分钟，不会再长。这种高强度却短小精悍的锻炼方式让我在力量和柔韧上都取得了比以前"地狱式"训练还要大的成就。

如果你像我一样，也许会觉得这种短时间的训练很难看出成效，但是请相信我，只要你坚持下去，效果会非常惊艳。

速成式锻炼的精髓是代谢体能训练法和有规律地间歇，也就是说我们要动静结合，将效率发挥到极致。

那么真正的过程是什么呢？在高强度锻炼之后，身体会产生"后续燃烧"效应，加速新陈代谢。简单来说，你的身体在锻炼结束后依旧在消耗着能量。因为完成这种高强度的训练相比平缓的训练，身体需要更多的能量和时间来恢复。

现在是你许下承诺的时候了！想要最大程度地达到效果，每次的锻炼都要做到以下几条：

出汗，真正的出汗！

没有出汗就不算健身，所以尽情地出汗吧！但要记住，时间不能过长，每次最好控制在 20~30 秒，最多 30 分钟，你就会感觉很棒了！爱上出汗的感觉吧！

想要出汗你需要更努力。

努力意味着尽自己的全力，意味着呼吸困难，因为这需要心血管能力、力量和速度的支持。如果你整个过程呼吸都很平缓，那意味着你还是不够努力，也就不会有后续燃烧的感觉。因此缩短时间但付出全力，身体就会发生反应。

感受燃烧。

不管你用的是哪种锻炼课程（壶铃、徒手或者拉伸），你最终都要找到自己的临界点——那种一下都不能再动了的极限——就是（肌肉）燃烧的时候。想要达到这种极限，可以加重练习的强度，比如加大壶铃的重量，提高徒手练习时的速度，或者去做更难的伸展动作。

同时，这也要求心肺需要高强度锻炼，所以这种锻炼不仅会收获后续燃烧感，也将大幅提高心血管功能！

在我开始这种练习之后，我就停止了跑步。6 个月后，我与友人去熟悉的场地跑步，我发现我的速度有了明显的提高，而且呼吸也不那么困难了。这是传统的跑步锻炼所不能给我的，这都归功于这种新的锻炼方式。当时觉得很是惊喜，现在我发现了其中的奥妙。

所以，拥抱自己的极限吧。

想受益的话，你需要：

- 提高自己的心血管能力——高强度练习能提高身体输送氧气到肌肉的能力。
- 燃烧更多的脂肪，紧实肌肉——让身体消耗掉存储的脂肪。
- 加快新陈代谢速度——保持后续燃烧感。

适应这种锻炼方式其实并没有花费我太多的时间，反而是其中的休息部分让我很难收放自如。你不能持续在一个状态，必须动静结合。

休息的间隙会优化身体燃烧脂肪的能力，有效形成肌肉。

如果不及时休息，就会有把它变成有氧运动、减缓体脂燃烧的风险。

本书中的练习方法需要同等的锻炼和休息区间，所以要锻炼就请坚持到最后一秒，要休息就要立刻停下来！

训练方法

书中有如下几个练习方法：

高强度间歇训练（HIIT）

短时间内的高强度训练，期间伴随着休息或者平缓的动作。

TABATA 训练

高强度间歇训练的一种方式，时长 4 分钟，分 8 组进行，每组包括 20 秒的运动和 10 秒的休息。

密集训练

连续进行每次不少于 3 分钟的运动，后续休息。强度根据锻炼时间不等，一般分为中等到高等。

尽可能地多次训练（AMRAP）

在规定时间内完成越多组越好的训练方法。最大的挑战在于要记住自己已经完成的组数，当然数数也是一种转移疼痛的办法。这种量化非常便于掌握和记录整个健身过程（见第 198 页）。

循序渐进 + 多样化 = 必然的改变

你的体形一定会变得更好！我亲身体验过的这种美妙的变化归结于锻炼的循序渐进和多样化。

我们都有自己擅长的运动，但是如果只是重复而没有渐进的话将不会有任何进步。我也经历过这样的死循环，比如无限的简单跑步，还妄想有什么效果，这不是疯狂是什么？

没错！擅长运动是好事，但你必须利用起来，融合新的元素，成功挑战自我才会进步。

当然，你不用是发明新运动的专家。用最基础的俯卧撑做例子，一旦你能轻而易举地完成，你就可以进阶为单腿抬起远离地面或者单手撑地做俯卧撑。追随你的身体锻炼，只要感觉动作开始变得难以完成，你就是在进步了。

这有几个发明新动作的建议：

- 如果你用壶铃练习，逐渐加大重量。
- 增加强度，促使自己更加努力。
- 延长锻炼时间，比如从 10 分钟延长到最多 30 分钟。
- 增加每组运动的重复次数。

> 用表记录锻炼过程（见第 203～206 页）和身体的变化。

基础和核心的练习

我整个锻炼的宗旨都是围绕基础展开的。也就是说用肢体的力量、核心的稳定、行动的自由去做到之前自己不敢想象的事情。我有太多手臂肌肉发达但是背部逊色或者力量出色但是柔韧欠佳的朋友，他们都是因为没有全面健身而失败的例子。

这个概念的意思是要求我们要听从身体的本能。这可追溯到人类祖先躲避野兽或者其他捕食者的攻击的时候，需要弯曲身体才能奔跑，需要爆发才能迅速强壮，需要柔韧才能抓取和攀爬。

强壮、柔韧、速度和行动都是我们身体的本能。谁都不是生来就有健美身材的。

所以，简单有效的锻炼能受益终生。

这也是本书的中心宗旨。遵守下去不仅会改善肌肉的力量和耐力、心血管的质量、身体的柔韧性和行动力，还能提高核心的稳定性。

核心稳定性指的是有效地用躯干和肩腰的肌肉力量支撑脊柱并且控制四肢的能力。锻炼这种稳定性能帮助矫正人体动作，从而减少受伤的风险，还能增强灵活性、平衡能力、协调性、力量和速度。这些都是我要训练的重点。

另外，其实最有能力的也许正是那些做不到正常俯卧撑的人，因为他们的健身足够核心和集中，以至于在自己都不知道的情况下他们已经挖掘出了深层的潜力。

分享一个我喜欢的针对核心的 TABATA 动作组：

> **核心 Tabata**
> 时间：4 分钟
> 结合多个课程
>
> 完成以下动作，练习 20 秒，间歇休息 10 秒。
>
> - 土耳其半起身，右侧（见第 57 页）
> - 土耳其半起身，左侧
> - 壶铃单臂平板支撑，右臂（见第 41 页）
> - 壶铃单臂平板支撑，左臂
> - 超人式高平板支撑，双手双脚着地（见第 97 页）
> - 蜘蛛式侧平板支撑，右侧（见第 64 页）
> - 蜘蛛式侧平板支撑，左侧
> - 超人式高平板支撑，双手双脚着地

好了，这些就是我的锻炼总则，也是健身的基础。我们有目标地进行短小精悍的锻炼，保证循序渐进和多样化，聚焦基础和核心。

现在来看看我们要用到的三个课程……

2 | 锻炼课程：壶铃、徒手和拉抻

**TRAINING DISCIPLINES:
KETTLEBELL, BODYWEIGHT AND
PRIMAL POWER STRETCH**

"要赢，就要锻炼！"

这章介绍了我的三个最重要的健身训练：

- 壶铃训练
- 徒手训练
- 拉抻训练

壶铃训练

"壶铃对肌肉的锻炼是任何机器和哑铃都做不到的！"

解析壶铃

壶铃是什么？简单来说，是一种带手柄的铁铸球形器材，重量在 2~48 千克不等。壶铃起源于 17 世纪，最初是用来衡量粮食重量的，但是慢慢开始变成男人们工作之余较量力气的玩具。

随着时间的变化，壶铃也在变化。近年来，随着健身热潮的渐长，壶铃练习因为可以通过简单的动作而提高核心力，从而达到了前所未有的流行高潮。它也成了有效健身的关键元素（见第 13 页）。

不像其他哑铃之类的传统器材，壶铃因为其形状的原因，重量分布并不均匀，天然的不平衡，恰恰能帮助激活人们的平衡肌肉（支撑躯干的肌肉），因此是提高核心力的完美器械。

为什么用壶铃训练？

娜塔莉和我都非常喜欢用壶铃训练，它简直就是基础的多功能健身工具，原因有很多。

壶铃是阻力训练的一种方式，用重量来增强力量和肌肉，提高骨密度和新陈代谢速度。

我们把壶铃抗阻训练纳入日常的健身过程里，用来提高全身的力量、肌肉和核心力，特别是我的背部（也许你还记得我在21空勤团服役时，发生过跳伞事故，背部摔伤了三处脊骨。医生说我不能再像以前那样负重了。我很想证明他们是错的）。

壶铃练习的其他益处在于：

- 提高心血管功能。
- 降低体脂，增加肌肉。
- 增强骨健康。
- 提高协调能力。
- 增加核心力量。
- 提高动作范围和关节灵活性。
- 增加韧带力量。
- 使健身快速有效和富有乐趣。

只要每周进行两次壶铃训练，你就会感受到这些变化。

我们会指导你正确的壶铃用法，特别是握法（见第28~29页）。

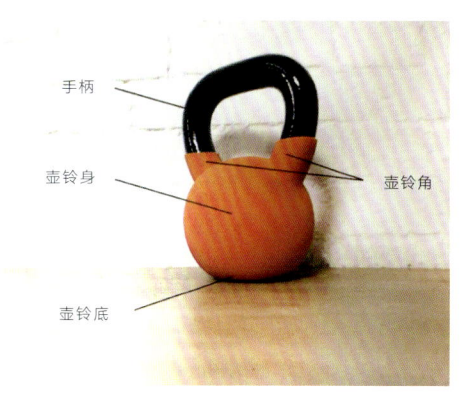

徒手训练

我热爱徒手训练，我现在都还沉浸于这种用奇怪的动作举起自己重量的训练所带给我的惊喜。把自己的身体作为阻力锻炼使得效率超群，而且花样繁多，最重要的是对于工作忙碌的人来说格外方便。

你所需要的就是你的身体、你的决心和一点点的想象，代入我们之前说的时间和原则，效果会很明显。还是一样，要动静结合并且营养均衡（见第190页）！记住，锻炼就像人生一样：付出多少就会收获多少！

以下是几个我增加了徒手训练之后的变化：

运动表现的提升

我身体的速度和爆发力有所提高，我能比以前跳得更远、更高、更持久。（记住：这在丛林和山地尤其有用！）

体脂的减少

徒手训练极大地增加了我的新陈代谢速度，以至于我的身体在运动过后还在持续燃烧热量（见第10页），从而使我的体脂比例明显下降。

柔韧性的提高

不仅我的肌肉力量和耐力提高了,我的柔韧性和核心力量也提高了,因为大量的训练都需要我的核心来控制动作。我发现自己在几乎所有的平板支撑动作方面都大有进步,有些甚至是在我年轻当兵时都做不了的动作。虽然我曾经长期背包跋山涉水,但是我的徒手力量其实并不出色。

心血管能力的增强

利用本书第12页框内的方法结合其他练习(例如波比和俯卧撑的结合),我的心血管能力一直在不断提高。让我非常惊喜的是只做几个动作的心跳竟然跟冲刺陡坡时是一样的。

享受过程

这种从未有过的锻炼让我终于开始享受这种健身方式了。我旅行或者匆忙的时候就可以抽空做几组徒手动作。当你熟练了之后,可以尝试创造属于自己的徒手练习动作(见第186页)。以下是我们最近在巴拿马丛林做的,你可以一试!

- 8次引体向上,阔手(见第90页)
- 8次单腿俯卧撑,右腿(见第34页)
- 8次单腿俯卧撑,左腿
- 6次引体向上,阔手
- 6次单腿俯卧撑,右腿
- 6次单腿俯卧撑,左腿
- 4次引体向上,阔手
- 4次单腿俯卧撑,右腿
- 4次单腿俯卧撑,左腿
- 2次引体向上,阔手
- 2次单腿俯卧撑,右腿
- 2次单腿俯卧撑,左腿
- 30秒挥臂高抬腿(见第76页)
- 30秒交替登山者式俯卧撑(见第66页)
- 30秒高到低平板支撑(见第62页)

休息2分钟。
如果可以的话,重复以上动作。

拉抻训练

"平复心境，变得更强，站得更高，动得更自由！"

这种起源于瑜伽的训练对培养身体的柔韧性有很多重要的作用。

在跳伞受伤后，我在军队的康复中心疗养了将近一年，经历了一系列高强度的理疗、水疗和骨疗等，但是依旧疼痛难忍。我每周都需要一次按摩来舒缓肌肉的疼痛，修复表皮的伤疤，不然我将生不如死。

最终，在走投无路的时候我开始练习瑜伽，这让我感觉很舒服。伸展和强壮背部肌肉的同时也能使伤疤愈合，让我在身体上，同时在精神上站直了！后来，我发现自己不再需要按摩，我对瑜伽的迷恋到了走火入魔的狂热地步！我和娜塔莉慢慢创造出跟瑜伽一样能够伸展肌肉的健身动作。我们叫它拉抻，所向披靡！

坚持下来的结果是，我可以做比以前更多的动作，背部也不那么疼了，而且运动损伤的概率要比其他人小了很多。拍节目的野外环境很容易摔伤，但是我发现自己也可以很巧妙地通过弯曲身体来缓冲。（事实上，现在回想起来，真的是救了我不少次呢）

它所释放出的大量内啡肽让我平静！我又变回了温顺的自己！（不信你去问莎拉）

总之，它融合了传统瑜伽、普拉提，一切柔韧和力量训练的优点于一身，再结合我们之前的几个练习方法，效果不言而喻。

像我一样，你会发现它能：

- 提高柔韧性。
- 矫正动作和脊柱形状。
- 增强肌肉和耐力。
- 提高平衡和协调能力。
- 激活核心。

拉抻还让我在身体和精神上找到了新的信仰。它让我感到有种难以形容的踏实，也许是光脚跟大地接触时，也许是每次性命攸关心中祈祷时，总之，每每结束后我总能更坚强地面对生活。

挑战不能避免，但是失败是允许的。

拉抻练习完美融入我的健身计划，强壮我的身体、警觉我的心灵，并且让我远离伤害。（见第13页）

3 | 前期准备
GET READY TO TRAIN

我们终于要踏上这条健美的道路了。
但是开始之前，还有几个要点需要记住，花一点时间看完，会有更意想不到的惊喜改变……

注意安全

首先就是要有健康和安全意识。局外人都会因为我喜欢冒险而认为我生活在危险边缘，但是我还活着，是因为我知道什么才是真正的危险，并且能聪明机警地回避。关键就是要在正确的时间做正确的事情。太多的经验告诉我，最危险的往往是自己的傲慢。所以，一定要活着，并且聪明地活着。

"好了，我已经够健康了"

真的吗？虽然你不用是运动健将，如果你有旧伤的话，一定要在开始健身之前征求医生的意见。

贝尔第一次来我工作室的时候，像所有人一样，我给他做了体力活动适应力问卷调查（PARQ），以确认他身体的可运动性。贝尔的测试结果非常好，没有任何旧伤，简直就是模范！

但是，你能想象到我几个月后在网上看到这则消息时的惊讶吗：

"1996年，贝尔在南非遭遇了跳伞意外，降落伞在4900米高空因为不能完全打开，他背部触地，导致三节脊骨损坏。"

我惊慌失措，但是已经太晚了！贝尔已经开始锻炼，而且成效非常显著，以至于我不想去强制停止！

因为他有旧伤，我开始加入一些背部锻炼。

也许你会笑，但是面对安全的时候，你必须诚实面对自己的能力、极限和病史。虽然有志者事竟成，但安全始终第一。如果你不确定自己的身体条件，我已提供简单版问卷调查供你参考（见第198页）。

选择合适的难度水平，使用正确的技巧！

书里的方法是速成的，所以会导致心率加速和大量出汗，这都是好事！只要正确遵守，这些动作都是安全有效的，但是也要注意技巧。如果你已经长时间不锻炼，还是要寻找适合自己水平的技巧。

我建议：

- 从低难度开始。比如说，先把高强度锻炼的区间比例控制在60%~70%，再慢慢加到我推荐的75%~85%。量化是一个很好的方法，可以把难度设置成1~10，1代表10%，10代表100%。
- 从重量较轻的壶铃开始（见第20页）。
- 缩短每组动作的时间。

随着身体状况的变化和信心的提升，再慢慢增加强度、重量和练习时间。

健身是种挑战，所以同时也要确保锻炼前后的热身和冷却过程（见第128~139页），以将效果发挥到最好。

环境和器材的安全

开始之前观察好环境，保证安全，做到：
- 确保地面没有障碍物。
- 确保地面不滑。
- 确保空间足够运动。
- 确保衣着合适（详见下文）。
- 注意周围人群，特别是小孩。

- 如果是进行壶铃锻炼，谨记其铁铸重量较大，不恰当使用容易引起身体损伤。需认真学习正确的壶铃握法（见第28~29页）。

你需要什么

所有的锻炼课程和方法都是基于没有器材或者很少器材的情况之下，并不需要高级健身房，专业服装和时下的流行装备！几个我们认为值得购买的东西是：

- 1个壶铃（或者2个，如果条件允许）。如果你是壶铃练习的新手，那么可以从8千克开始。渐入佳境后，可以加到12~16千克，专业级别可以使用20千克以上的壶铃。
- 1块瑜伽垫。优质的瑜伽垫会让地面运动更加舒适。确保其长度超过自己的身高，以备拉抻练习时平躺。
- 合适的着装。衣着要舒服，且不会因其分心。徒手和拉抻练习时可以赤脚，壶铃训练时需要穿鞋。

你的进度

在你踏上健身之旅前，我的建议是：做好计划，并且记录。

认真地说，知道自己的目标，不管是针对某项特别的运动（哪怕是简单的俯卧撑），还是减肥，或者只是给生活注入活力，都是好的开始。当你记录下来从哪一刻开始，它就会变得真实且触手可及。

我母亲说过，没有期限的目标只是幻想！

设定目标并非易事。一般来说，人们希望变得健美，拥有模特一样的肌肉线条。但是你需要挖掘得更深、更具体、更现实，从小的目标慢慢积累才会达到最终的目标。

把目标设得足够小就可以更轻易地完成。最初的目标或许可以简单到只是10天内隔天早起并完成3分钟的高强度锻炼。

任何形式的锻炼都是一种承诺，必须尽全力去兑现。与其把它当作例行公事，不如把每一步都想象成走向健美的阶梯。当我们的健身方式不需要花费太多的时间时，你再也没有借口不去完成了。

还有一个关键就是要形成习惯。不重要的琐事可以放到一边，健康的身体和心理才是最重要的。坚持有规律的锻炼会让你的生活和工作更有节奏和效率。

下定决心吧，如果这意味着要习惯每天早起15分钟，又有何妨！习惯和行动能创造成功，哺育激情。

当心情低落无心锻炼时，我的方法是，先开始前3分钟的练习，如果还是不想继续进行，就放弃。但无一例外的是，这几分钟的锻炼让我全身热血沸腾，充满斗志，巴不得继续下去。

这听起来简单又疯狂,但是真的帮助我很多。不管你的方法是什么,找到让自己热血起来的按钮。记住,持续才能改变!

从第 202 页的测试开始,接着制订自己的计划表并督促自己按期完成,也可以试着用第 203~206 页的表格。毕竟万事开头难。

我家里有一个专门锻炼的房间,我都是在那里完成我的所有练习的,我自己的表就贴在那儿,时时提醒着我的计划,也让我知道计划的进度,这些都是我前进的动力。

怎样练习

当健身变成了现实,你必须知道自己练习的时间和强度。

想要达到最好的效果,我的原则是尽量把高强度的练习区间维持在每天最少 30 分钟,每周最少 4 天,留下 1~2 天时间用来休息和修复。这样下来每周其实只要锻炼 2 小时!但这比我以前每天 1 小时锻炼的时候还要有效!

有时候多并不代表好,哪怕是 4 分钟的高强度练习也能够产生后续燃烧的效果。有研究表明,这样的 4 分钟比 1 小时的单纯跑步更健康、更有益。

制订全休息日、修复日和长休息计划

"修复,重建,休息才能强壮。"

修复和休息日在高强度训练中至关重要。它可以减缓压力,修复损伤,降低过度运动带来的副作用。

休息日是指:完全脱离任何练习。当然,这不意味着脱离健康的饮食。不要让休息日变成了退步日,营养要跟上才能修复和重建身体(见第 190 页)。

修复日时进行 60% 的较低强度训练。这样可以让血液回到肌肉,以达到更好的修复效果,还能减缓高强度练习留下的肌肉酸痛感。

修复日特别针对那些根本不存在 80%~100% 运动强度的人。如果你是新手,每周最少要有 2 个修复日,熟练之后每周 1 天。

拉抻练习是修复日里非常好的课程,当然你也可以游泳、散步或者练习简单的全身伸展。

如果你是专业运动员,那么我建议每周用 1 个休息日来放松身心。

> **如发生以下症状，也需休息：**
>
> ■ 长时间的肌肉沉重感和酸痛感
> ■ 生病
> ■ 受伤
> ■ 失眠
> ■ 抑郁
> ■ 没有进步
>
> 跟随自己的感觉，感觉过劳时就可以休息。
>
> ### 规律的长休息
>
> 规律的长休息是时间较长的一种能够让身体完全恢复的过程，由休息日和修复日组成。我每6周进行1次长休息：
>
> 1个修复日+2个休息日+1个修复日=长休息

与其火力全开、筋疲力尽，不如从小的开始，慢慢累积！

128~179页的练习是本书的核心，也是我健身的精髓，从柔韧性到轻而易举地举起壶铃，只要你用正确的动作坚持下去，就一定能取得效果。

我把它们整理了一下：

■ 你可以随意组合壶铃练习，徒手练习，或者拉伸练习（见第142~165页）。
■ 可以以166~179页的英雄式练习作为挑战。
■ 也可以创造个人的练习方法（见第180~190页）。

你会发现其实健身不存在等级，这也是我故意为之。作为初学者，也许会挣扎，但是别放弃，努力坚持下去。每个人都会经历那个时期，你需要注意的是要从轻一点的壶铃开始（见第20页）。

因为每个人的目标不一样，所以练习课程也不一样。如果想提高肌肉力量和耐力，快速减脂，可以选择壶铃练习。

如果想提高身体柔韧性、力量、耐力，还有速度，可以选择徒手练习。不需要任何器材这一特点使其更加适合出门在外练习。

如果想提高柔韧性、肌肉力量和核心，可以选择拉伸练习。

最后，如果你喜欢挑战，可以选择英雄式练习。我非常喜欢它给我带来的颤抖感觉，每次结束后都会筋疲力尽。

如果已经熟练（或者很快适应）了，就可以加大难度，跳得更高，举得更重，重复更多次！

复习一遍：

1．保持规律的练习，坚持下去，挑战自己，直到最后一秒。

2．从小目标开始，按时完成。它们是希望，是指引的明灯（见第20页）。

3．选择自己的方式（见第142～179页）。

4．练习前做好热身。

5．坚持并百分之百投入！练习时努力，休息时享受。

6．渐入佳境后加大壶铃重量或强度，找到自己的极限。

7．坚持到最后，不半途而废。

8．练习后要好好放松，享受满足感，奖励自己。

现在唯一要做的就是……开始！

4 | 练习大全
EXERCISE LIBRARY

这章全部是关于练习技巧的。详细的分步讲解和图片可以让你更加明白正确的练习动作和技巧。

练习分为三大课程——壶铃、徒手和拉抻。

"越有技巧地练习,越有效率地进步,越快速地变化。"

"对我来说,改变坏习惯要比养成新习惯更难。我保证对于老道的运动员来说,也会有需要改进的地方。动作准确意味着难度的增加,也意味着更快面临极限,所以你需要学会适应新的难度。

"这章的主要目的是讲授动作技巧,为方便起见,我将练习分成了三种课程:壶铃、徒手和拉抻。每部分都包括了练习基础和练习部位。"

认识术语

正确的站姿

站姿是指完成动作的关节和肌肉的组合,简单地说就是肌肉和骨骼共同使身体直立起来。我们追求正确的站姿或者脊柱的排列不仅仅是因为外在的美感,还因为它可以降低健康风险,比如避免关节僵硬和背痛。当然,还能保证核心的集中。

最后,正确的站姿还有利于脊柱的强壮和稳定,从而从根本上保证脊柱的健康。

说到站姿,人们先想到的是收腹到极致,肩膀向后拉到最大,抬高下巴希望自己看起来更高。但其实这样的动作是不对的。

为了保持良好的站姿，看起来不那么僵硬，以下是几个可行的建议：

- 两腿站立与肩同宽，脚趾正对前方，全身中心集中在脚掌。
- 站直，想象头顶有一根绳子垂直向上提。
- 头部中立，耳朵与肩膀对齐。
- 抬起肋骨使其远离髋骨，肩膀向后下方伸展，手臂放松自然垂下在身体两侧。
- 呼气时，收紧腹部，肚脐向后至脊柱方向。

支撑腹肌和激活核心

运用、激活、收紧、支撑和变换腹肌：这些词在任何健身过程中都会听到和用到。但仔细想想，这些词真的有道理吗？同样，练习者真的能明白这些词是让我们做什么动作吗？

对于我个人而言，作为健身教练，我必须承认我经常使用这个词语——毕竟是多年的习惯——我最喜欢的词是"激活核心"，你会在这章反复看到这个词。对于我来说这不仅仅是一个词或者短语，更多的是一种时时提醒自己注重核心的警示。

首先你要知道的是，我和贝尔一起设计的提高核心力量的练习需要核心肌群和腹肌的配合，所以明白核心是什么至关重要。

核心肌群由一系列复杂的肌肉组成，但不包括负责日常活动的四肢。"核心稳定"是肌肉支撑脊柱和骨盆的力量，它能让你的行动更加自由。

我不会长篇大论逐字逐句讲解如何获得理想的腹部支撑，相反，我会给你最快速，也是我到现在唯一有效的方法。

想象一下如果有人对准你的腹部打过去，假设就是贝尔，你会有掉落悬崖的感觉，需要在落地前想到求生的办法。

这种落地之前或者是被打之前的本能紧张感就有核心力的参与。这就是支撑腹肌和激活核心的过程。现在，请呼气的时候将注意力集中在这上面，当你激活核心时就会出现紧张的感觉了。

错误站姿

正确站姿

壶铃阻力练习

KETTLEBELL RESISTANCE TRAINING

壶铃的握法

当你第一次接触壶铃的时候，值得花时间去学习各种握法。开始的时候，前臂不可避免会有酸痛感，但这通常都是不正确的握法导致的。

正确的壶铃握法不仅能预防肌肉酸痛，还能降低前臂肌肉劳损和受伤的风险；另外，它还能更好地帮助你驾驭壶铃练习的动作，从而最大程度受益。重申一遍，要认真学习以下壶铃的握法。

双手握法

双手握法就是双手一起握壶铃的方法。

- 首先将壶铃放至地面，俯身双手触摸，从指尖开始。

- 双手同时紧握壶铃手柄，指关节面对身体相反方向，双手拇指互相触及。

- 手掌继续发力紧握壶铃手柄。

单手握法

单手握法就是一只手握壶铃的方法。

- 首先将壶铃放至地面，俯身用手触摸，从指尖开始。

- 紧握住壶铃的手柄，指关节面对身体相反方向。

- 手掌继续发力紧握壶铃手柄。

这种单手握法是很多壶铃练习的基础动作，比如"单手摇摆"或者"单臂壶铃划船"。

抱球握法

抱球握法就是抱住壶铃身，使得壶铃角和壶铃底向下的方法。

- 首先将壶铃放至地面，俯身双手触摸，从指尖开始。

- 将双手拇指放至壶铃角顶部内侧，拇指指向身体相反方向。

- 十指完全打开，紧扣壶铃身体部分。

- 十指尽全力打开以支撑壶铃。

壶铃角握法，或底向上/底向下握法

壶铃角握法（底向上/底向下握法）就是双手握住壶铃角，使双手拇指与壶铃角触及，且壶铃底向下的方法。

- 首先将壶铃放至地面，俯身双手触摸，从指尖开始，手腕呈45度，且拇指向前。
- 将双手拇指置于壶铃角内侧，使得拇指指尖指向身体背后方向。
- 握住壶铃角外侧。
- 二头肌发力，将壶铃向上卷起，使得壶铃底朝上且贴近身体。
- 此握法需格外小心，注意握紧。

架式姿势

- 用正常握法握住壶铃（如上图），使壶铃手柄与手掌呈45度。
- 将手拉至胸前，使得壶铃接触身体的部分紧贴手肘弯曲处。

- 保持手肘夹掖，并靠近髋骨最高处。

> 建议：此动作中，不佩戴首饰和手表的话，手腕会更舒适。

正常握法

- 使用单手握法（见第28页），并将壶铃置于前臂后侧，如图所示。

1 | 单手摆动

练习部位：肩、背、髋、臀、腿　　重点：后链、核心、腿

变化：

还可以试试单手摆动的变式。当壶铃与肩同高时，换手握壶铃。用臀部带动，运用腿部越少，这个动作就越难。

做法：

- 双腿站立，与肩同宽，将壶铃置于地面双腿正中央脚趾尖稍靠前处。

- 腹肌发力，联合臀部，弯曲膝盖，右手触摸壶铃，此时腿及脚筋后部稍感拉伸。

- 用单手握法握住壶铃（见第28页）。

- 保持挺胸，另一只手臂伸向相反方向与肩同高以保持平衡，手心向上，尽量不深蹲。

- 臀部继续发力，使得壶铃从双腿之间向后摆动。

- 当壶铃越过两腿时，伸直双腿和膝盖，收紧臀部产生推力，使得壶铃向前摆动至与肩同高。反复3次。壶铃在最高点处为最省力。

- 当壶铃向下摆动时，先收紧臀部，再动膝盖。

2 | 双手摆动

练习部位：背、腹、髋、肩、臀、腿　　重点：全身

变化：

将壶铃摆动至头顶高度可以加大难度。这种变式必须在基本式熟练后才可尝试。手臂放松，但必须握紧壶铃以防止意外发生。

确保头顶空间足够大，并从轻的壶铃开始。练习几次基本式热身后，方可用变式。

我个人钟爱这种变式，因为真的能锻炼核心，提高平衡和力量。

做法：

- 双腿站立与髋同宽，将壶铃置于地面双腿中央处。

- 髋部首先发力，核心肌群做好准备。弯腰用双手握法（见第28页）握起壶铃。

- 保持挺胸，髋部向后用力，双膝稍弯曲，使得壶铃从两腿之间向后摆动。尽量不深蹲。

- 当壶铃越过两腿，收紧臀部产生推力，使得壶铃从两腿间向前摆动至肩高，此时为最省力，且能完全伸展腿部和髋部。

- 当壶铃向后落下时，髋部发力，弯曲膝盖，重复动作。

3 | 站立腹部 8 字形

练习部位：腹、脚筋、背　　**重点**：腹

做法：

- 双腿站立稍宽于肩，右手单手握法握住壶铃（见第28页）。

- 髋部向后发力，双膝稍弯，浅蹲，保持挺胸和挺背。

- 腹部发力，保持挺胸。

- 将壶铃从腿前方绕过，并在腿外侧换手。从左腿开始到右腿结束。换手使得壶铃画出8字形。

- 当壶铃经过腿部时，收紧臀部，站直，髋部向前。

- 重复画出8字形。

建议：动作越流畅越好。

变化：

腹部 8 字形到伐木式

- 当壶铃在腿部后方时，换手，并将壶铃举到对侧肩膀同高处，呈对角线形状。
- 用抱球握法握住壶铃（见第 28 页）。
- 将壶铃重新置于腿部后方，继续画出 8 字形，然后举至另一侧肩膀同高处。

建议： 当壶铃在肩膀同高处时低于下巴。

建议： 注意壶铃不要碰撞膝盖。

4 | 壶铃硬举

练习部位：**全身**　　重点：**脚筋、臀、后链**

做法：

- 双腿站立稍宽于髋，将壶铃放至地面两腿中央处。肩膀向后，腹肌发力。

- 保持双腿伸直，髋部发力，双手握法握住壶铃（见第28页）。

- 挺胸呼气。

- 脚后跟向下用力，带动髋部向前直立。保持壶铃贴近身体。

- 保持脊柱，从髋部开始，然后至膝盖，将壶铃向下放回到地面。

5 | 单腿硬举

练习部位：后链、脚筋、核心稳定　　重点：臀

做法：

- 双手将壶铃放至右脚中心前方处，双腿站立稍宽于髋。

- 肩膀向后下方，身体重心移至右腿。

- 右膝稍弯，髋部用力，左腿向后抬起呈单腿站立。

- 保持脊柱中立位置，继续向前用力至上身与左腿平行于地面。

- 用双手握法握住壶铃（见第28页）。

- 恢复直立，保持壶铃靠近身体，单腿站立。

- 右膝稍弯，髋部用力，左腿向后，单腿站立。

- 保持脊柱中立位置，继续向前用力至上身与左腿平行于地面。将壶铃与地面接触，完成动作。

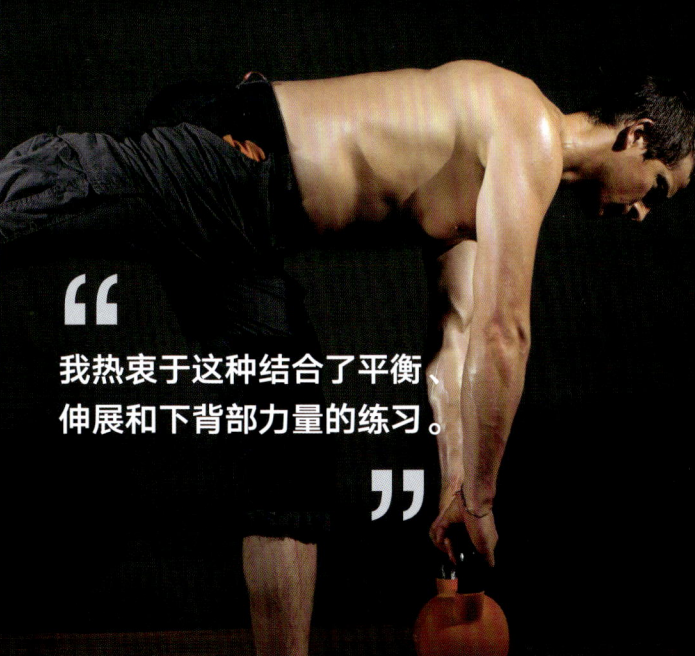

"我热衷于这种结合了平衡、伸展和下背部力量的练习。"

35

6 | 臀桥与壶铃胸推

练习部位：强健稳定肌肉　　重点：臀、腹

做法：

- 平躺，膝盖弯曲，脚掌置于地面，与髋同宽。
- 将壶铃抱在胸前，用抱球握法或壶铃角握法（见第 28～29 页），手肘收紧，贴在身体两侧。
- 臀部收紧并抬起远离地面，使得膝盖与肩膀呈一条直线。
- 肩膀保持与地面接触，身体重心均匀分布。
- 保持臀桥动作，将壶铃呈直线状完全推出。
- 将壶铃慢慢放下至胸部中心，身体慢慢回到开始动作。

变化：

在动作的最高点可以将一条腿抬起远离地面。脚趾指向面部，脚跟指向天花板。

7 | 臀桥内推

练习部位：**全身**　　重点：**臀、核心、背**

1　　**2**　　**3**

做法：

- 将壶铃放至瑜伽垫顶部。

- 平躺，膝盖弯曲，双脚着地与髋同宽。

- 双臂伸直过头顶，用壶铃角握法握住壶铃（见第 29 页）。

- 收紧臀部并抬起远离地面。卷起身体，最高点处膝盖与肩膀呈直线。

- 肩膀保持与地面接触，身体重心均匀分布。

- 保持臀桥动作，双臂仍旧伸直，将壶铃呈弧形举起至大腿。

- 慢慢回复直到壶铃接触地面，动作完成。

8 | 腹部内推

练习部位：手臂、腹肌　　**重点：腹**

做法：

- 平躺，膝盖弯曲，双脚着地与髋同宽。

- 将壶铃放至头顶，用壶铃角握法握住壶铃（见第 29 页），手肘向上　指向天花板。

- 呼气，起身，缩小肋骨与髋部的距离，同时将壶铃从头顶带至胸前。

- 在最高处时收腹并完全呼气。

- 确保手肘收紧，贴住肋骨两侧，肩膀抬离地面。

- 慢慢回复，直到壶铃回到最初位置。

建议：确保背部下方保持触地。

9 | 仰卧起坐至站立

练习部位：腹、肩、臂、腿　　重点：腹、腿

做法：

- 平躺，膝盖弯曲，双脚着地与髋同宽。

- 将壶铃放至头顶，用双手握法握住壶铃（见第29页）。手肘向上指向天花板。

- 呼气，起身，缩短髋骨与肋骨的距离，同时将壶铃从头顶带至胸前。

- 继续起身直到站立。伸直双臂将壶铃举过头顶，然后向下回到胸前。

- 髋部用力，接着屈膝，向下直到触碰地面。

- 保持双腿着地，躺回地面，肩膀着地，手臂与壶铃均回到最初状态，完成动作。

> 这也是我最爱的动作之一，因为它能锻炼全身，还能调动身体的平衡和力量。

39

10 | 单臂壶铃划船（勇士式）

练习部位：背、肩、臂、核心　　**重点：背中**

做法：

- 双脚站立与髋同宽，将壶铃放至两腿中央靠近脚踝内侧处。右脚向后呈大弓步。

- 身体向下，加深弓步，确保左膝与左脚踝朝同一方向。

- 髋部尽可能向前，右脚向外45度，确保右脚外侧与地面接触。

- 髋部向前倾。

- 眼部注视左脚内侧，右手用单手握法握住壶铃（见第28页）。

- 腹部发力，脊柱放松，将壶铃从地面举起。流畅地将手肘经过肋骨，直到壶铃到达髋部或以上。

- 将壶铃放回地面，完成动作。

11 | 壶铃平板支撑

练习部位：**全身**　　重点：**核心、肩**

做法：

- 将壶铃放至瑜伽垫顶部中央，手柄向瑜伽垫顶部，远离身体，壶铃底面对身体。

- 从跪姿开始，向前倾，用抱球握法握住壶铃（见第28页）。

- 双臂伸直，激活核心肌群，脚趾向下，抬起膝盖直至高平板支撑动作。

- 收紧臀部，使得脚和肩膀呈一条直线。

变化：

壶铃单臂平板支撑

从基础壶铃平板支撑开始，慢慢将左手于壶铃脱离举起放至右肩。保持髋部平行于地面，脚与肩呈直线状。

变化：

壶铃蜘蛛式平板支撑

从基础壶铃平板支撑开始。脊柱放松，慢慢将右膝抬至右手肘外侧。慢慢回复到最初动作，重复左侧。

建议：为达最佳效果，保持鼻子处在指尖前方，保持腹肌收紧。

12 | 壶铃力量平板支撑划船

练习部位：腹、臂、背　　重点：核心、背

做法：

- 从高平板支撑动作开始（见第 41 页）。将壶铃放至右侧胸部中央。

- 腹部发力，激活臀部，保持脚部与肩部呈一条直线。

- 用单手握法握住壶铃（见第 28 页），举至髋部高度或以上，保持。

- 将身体重心移向前过肩膀。将壶铃向下放回地面。

13 | 壶铃力量平板支撑伏地挺身划船

练习部位：腹、臂、背　　**重点**：核心、背部上部

做法：

- 从高平板支撑开始（见第41页），双手分别放在两个位于肩膀正下方的壶铃上。

- 激活核心和臀部肌群。保持足部和肩部在同一直线上。

- 双手均用单手握法握住壶铃（见第28页）。

- 举起其中一个壶铃至肩膀，保持身体重心向前超过肩膀，不要扭动髋部。

- 将壶铃向下放回至地面，举起另一个壶铃至肩膀，不要扭动髋部。

- 将壶铃向下放回至地面，完成动作。

14 | 壶铃前蹲

练习部位：腿、臀、背　　**重点：腿**

做法：

- 右臂用架式握法握住壶铃（见第 29 页），双脚站立稍宽于髋，脚趾稍分开。

- 左臂伸直向外与肩同高，手掌向上。

- 紧握壶铃，保持右肘紧贴身体。

- 髋部向后，膝盖弯曲，身体向下，重心在脚跟。

- 继续屈腿直到大腿与地面平行或稍低。

- 收紧大腿内侧，保持挺胸，重回最初动作。

变化：

壶铃前蹲推举

在基本的壶铃前蹲的最低处时再向上，同时伸展手臂将壶铃推至头顶上方。慢慢回复至架式动作，重复。

建议：保持身体重心均匀分布，以支撑深蹲动作。

15 | 持式深蹲

练习部位：下半身　　**重点：腿**

做法：

- 双腿站立稍宽于髋，脚趾稍向外。

- 用抱球握法握住壶铃（见第28页），紧贴胸部，手肘紧贴肋骨。

- 髋部开始带动臀部直到大腿平行于地面或稍低，屈膝深蹲。

- 继续深蹲，直到髋部低于膝盖，保持挺胸和脊柱，平视前方。

- 深蹲的最低处，用手肘将双膝向外分开。脚跟用力重新站直，最高点处收紧臀部。

变化：

持式深蹲推举

在持式深蹲的最低点起身的同时伸直双臂，将壶铃推至头顶上方。慢慢将壶铃向下放回最初位置，重复。

16 | 双臂壶铃军队式推举

练习部位：肩、臂、背　　重点：肩

做法：

- 双手分别用架式握法握住一个壶铃（见第29页），手肘紧贴肋骨。

- 腹肌用力，腰部稍倾，将壶铃向上举起直到手臂完全伸展。

- 胸部向前，保持下巴平行于地面。

- 将壶铃带回至初始动作，完成。

建议： 将壶铃完全举起高过头顶的时候保持手腕伸直。

变化：

单臂壶铃军队式推举

- 右手用架式握法握住壶铃（见第29页）。保持右肘紧掖肋骨。

- 腹肌发力，将壶铃向上举起直到右臂完全伸展。

- 右臂保持紧贴右耳，下巴与地面平行。

- 慢慢重回最初动作，完成。

"力量练习是释放内啡肽的终极办法。"

17 | 壶铃弓步推举

练习部位：四头肌、脚筋、臀、肩、三头肌

做法：

- 双腿站立稍宽于髋，右手用架式握法握住壶铃（见第 29 页）。

- 左腿向后一大步呈弓步，左臂置于侧边。

- 右膝弯曲向地面，加深弓步，同时将壶铃举至头顶，完全伸展手臂，保持手肘紧挨在身体中部。手臂与耳朵呈直线，用正常握法握住壶铃使其置于手臂后部。

- 保持髋部和肩部面向前方，右膝保持与脚踝同向。

- 左脚脚掌向地面用力，收起弓步。同时将壶铃收回至最初动作。

建议： 如果过程中换腿，则用单手摆动（见第30页）换手。

18 | 二头肌至双手军队式推举

练习部位：臂、肩、腹、背　　重点：臂、肩

做法：

- 双脚站立与髋同宽，用抱球握法握住壶铃，与髋同高，手臂完全伸展。

- 保持手臂紧贴身体，将壶铃向上卷起向胸部，直到极限。暂停在最高点。

- 慢慢在头顶伸展手臂，肩膀后仰远离耳朵。

- 胸部向前手臂方向，收紧肩胛骨使得手臂正好超过耳朵，抬起下巴与地面平行。

- 慢慢将壶铃向下回复到二头肌弯曲动作的最高点。

- 将壶铃向下至髋，完成动作。

19 | 壶铃胸推

练习部位：上身　　**重点：胸**

做法：

- 平躺，用单手握法单手握住壶铃（见第28页）。

- 保持手臂弯曲，手肘贴紧身体胸部中部处。

- 将壶铃垂直向上直线推出，完全伸展手臂。

- 暂停，慢慢将壶铃带回胸前，回到最初动作。

建议： 确保正确的壶铃握法，当垂直向上推时，尽量使手肘动作连贯。

变化：

　　双手分别用单手握法握住一个壶铃（见第28页）。同时将壶铃垂直向上推出，或左右手交替进行。

20 | 壶铃风车

练习部位：肩、背、腹、腹外斜肌、髋　　重点：核心肌群

做法：

- 双脚前后站立与肩同宽，脚尖均向左约45度。右臂用架式握法握住壶铃（见第29页）。

- 将壶铃向上推至头顶，手臂完全伸展并伸直。

- 保持手臂紧贴耳朵，眼睛注视头顶上方壶铃处。

- 髋部与臀部向外右臂方向。将左手置于左腿，手心向外。

- 重心稍稍后移，上身慢慢下移，左臂迅速沿腿部下滑。右臂保证壶铃在头顶正上方。左腿伸直。

- 暂停，回复至最初动作。

21 | 壶铃钻石式俯卧撑

练习部位：全身　　**重点：肩、腹、胸、三头肌**

做法：

- 从高平板支撑动作开始（见第41页），将壶铃放至身体前方。双手用抱球握法握住壶铃（见第29页）。

- 腹部用力，确保鼻子超过双手位置。

- 手肘向身体外侧弯曲，身体向下。

- 直到手肘呈90度或更小，将身体重新推回初始动作。

- 保持核心肌群稳定和脊柱舒展。

22 | 壶铃力量俯卧撑

练习部位：上身、核心　　**重点：胸**

做法：

- 从高平板支撑动作开始（见第41页），将壶铃放至胸部中部，右手置于壶铃上，左手置于地面，双手与肩同宽。

- 腹部用力，身体向下，直到手肘呈90度。

- 推起身体，或双手脱离地面和壶铃，上身悬空跳起。

- 同时，回到地面时跳向右侧，着地时左手握壶铃，右手着地，与肩同宽，完成动作。

- 保持核心肌群紧绷，背部不要放松。

> 这是我喜欢的一个非常棒的基础动作！这种身体的跳跃和着地时的精准能力是求生的技能。这种要求在高速中跳跃和握住壶铃的动作，能帮助提高身体的活跃力量和手与眼的协调能力！

23 | 壶铃俄罗斯转体或贝尔旋转

练习部位：腹外斜肌、臂、核心肌群稳定　　**重点**：腹外斜肌

做法：

- 坐于地面，将壶铃放至右侧髋处。屈膝，双脚着地。
- 保持脊柱挺直，向后倾斜直到腹肌感应。
- 双脚慢慢从地面抬起，调整双膝保持平衡。
- 用双手握法握住壶铃（见第28页），将壶铃从身体前方绕过，以身体为轴旋转。确保只动上身，下身保持不动。
- 将壶铃在左侧点地，向相反方向重复动作，两侧均点地，完成动作。

建议：保持颈部伸展，并确保身体重量均匀分布在臀部。

变化：

贝尔转体和推举

当举起壶铃绕过身体，经过胸部中部时暂停。伸展手臂将壶铃向上推举，远离身体。将壶铃带回胸部中部，继续基础贝尔转体动作。

24 | 壶铃三点俄罗斯转体

练习部位：腹、臂、核心　　重点：腹外斜肌

做法：

- 将壶铃放至右侧髋部，坐直于地面，膝盖弯曲，双脚着地。
- 保持背部挺直，慢慢向后倾斜直到核心肌群感应。
- 双手用壶铃角握法握住壶铃（见第29页）。
- 抬起双脚，调整膝盖位置保持平衡。
- 将壶铃从身体右侧带至左侧，旋转上身，保持髋部与腿部不动。
- 当壶铃到达身体侧边，点地。
- 将壶铃带至胸部中部，伸展手臂，将壶铃向上推至头顶。
- 伸展身体，平躺于地面，伸直双腿。
- 抬起双腿，屈膝至胸部，起身同时将壶铃带回至胸部中部，回到最初，完成动作。

25 | 土耳其式半起身

练习部位：全身　　**重点：全身**

做法：

- 平躺于地面，将壶铃放至胸部右侧伸手可及的地方。
- 右手用正常握法握住壶铃（见第29页）。
- 右臂垂直向上伸展，指关节向头部方向。保持眼睛注视壶铃。
- 右膝弯曲，保持双脚着地，腹部发力。
- 将左前臂向下推出，坐起。
- 左臂完全伸展支撑身体抬离地面至悬停姿势。
- 暂停，回到最初，完成动作。

徒手练习
BODYWEIGHT TRAINING

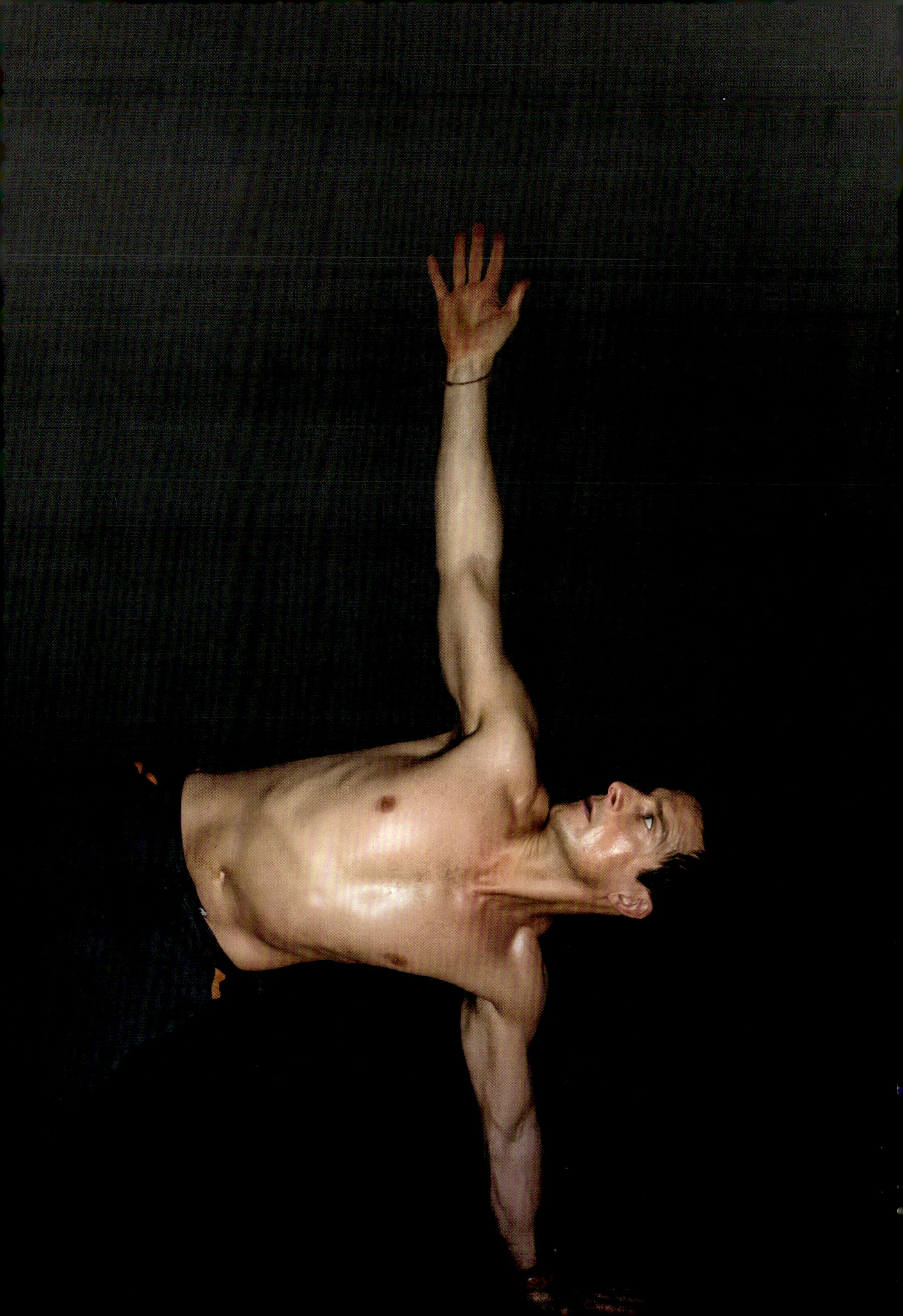

1 | 低平板支撑

练习部位：全身　　**重点：核心**

建 议：避免髋部向上和肚子向下。保持大腿、臀部和核心肌群用力。这都是为了保持你的身体在一条中线上。正确的平板支撑将造就极其健美的腹部肌肉。

做法：

- 面朝下平躺，前臂支撑身体，身体放松。下巴内收，肩膀远离耳朵。

- 臀部发力，带动腹部，推举前臂和脚趾以撑起全身直到髋部与肩膀平行。

- 保持头部与脚步在同一直线。

2 | 爬行式平板支撑

练习部位：全身　　**重点：协调能力、核心肌群稳定**

做法：

- 从低平板支撑开始（见第60页），收紧腹部，将右臂和左腿分别向前一英尺（1英尺=0.3048米）。

- 肩膀与脚踝始终保持直线，髋部尽量不旋转。

- 暂停，换另一侧手臂与腿，使自己不断向前运动。

"我想同时作用于身体和心灵。在身体肌肉变得强壮的同时，意志也会变得如铁般坚硬。"

——突击队健身教练

变化：

高到低平板支撑

高平板与低平板支撑的变换，注意髋部尽量不旋转，注重质量而非数量或速度。

做法：

- 从低平板支撑开始（见第60页）。
- 脊柱放松，推举前臂至手掌支撑（一次一侧）。
- 腹部持续用力，慢慢抬起膝盖，大腿用力。
- 臀部收紧，肩膀远离耳朵，眼睛注视地面。
- 头部与肩膀始终保持一条直线。

变化：

单手平板支撑

从高平板支撑开始，将一只手抬起远离地面。保持髋部与地面平行，核心肌群发力，将抬起侧的手放于背部时身体重心前移。

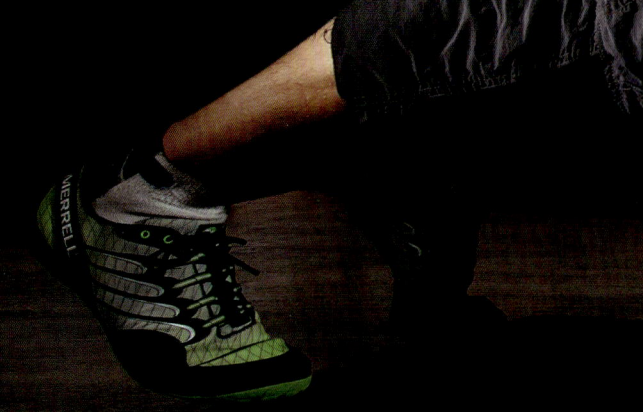

V

变化：

贝尔V字平板支撑

从低平板支撑开始，慢慢向上抬起髋部使身体呈V字形。下巴内收，眼睛注视脚趾。慢慢将髋部向下回复至最初，完成动作。

4 | 蜘蛛侧平板支撑

练习部位：全身　　**重点：协同能力、核心肌群稳定、腹外斜肌**

做法：

- 左侧躺，手肘支撑身体，双腿伸直。保证手肘于肩膀正下方，髋部垂直地面。

- 腹部收紧，向上抬起髋部，使得肩膀与脚踝呈一条直线。

- 伸展右臂至头顶，保持与耳朵呈一条直线，眼睛注视前方。

- 收紧臀部，向上举起右腿，慢慢将右手肘与膝盖并拢。

- 完全伸展手臂和腿，重复，不要放下抬起的腿。

> 强壮有力的腹外斜肌是极好的减震器，能保护胸腔免受一切直接冲击。

5 | 爬山者式

练习部位：**全身**　　重点：**上身、核心**

1

2

做法：

- 从高平板支撑开始（见第62页），双手稍宽于肩。

- 腹部用力，保持身体重心向前，右膝迅速伸向胸前。

- 右腿向后回到最初动作的同时，左膝迅速伸向胸前。交替进行。

3

" 这是练习核心的关键动作，我喜欢在几乎所有的健身计划里都用它做活力剂！ "

6 | 交替爬山者俯卧撑

练习部位：全身　　**重点：胸、腹外斜肌**

做法：

- 从高平板支撑开始（见第62页），双手稍宽于肩。

- 腹部发力，保持身体重点向前，右膝迅速伸向左肘内侧。

- 右腿回到最初位置时，左膝迅速伸向右肘内侧。

- 手肘呈90度，身体向下靠近地面，回到初始姿势，完成动作。

7 | 贝尔跳跃触摸

练习部位：全身　　**重点：肩、腿**

做法：

- 从高平板支撑开始（见第62页），双手与肩同宽。

- 保持双手着地，双脚向前跳跃至双手外侧。着地时身体弓起，脚尖向前，髋部稍低，手肘紧贴膝盖内侧。

- 继续深蹲，挺胸，手臂向上伸展。

- 双手回到地面，身体重心移向手部，向后跳跃，以高平板支撑动作着地。

变化：

贝尔走步式（无跳跃）

为了减缓贝尔跳跃触摸，从高平板支撑开始，双脚走向双手外侧，一次一侧。走步退回最初动作，完成。

建议： 身体轻轻旋转。轻微的重心转移都能激活肌肉，使之成为极好的全身运动。

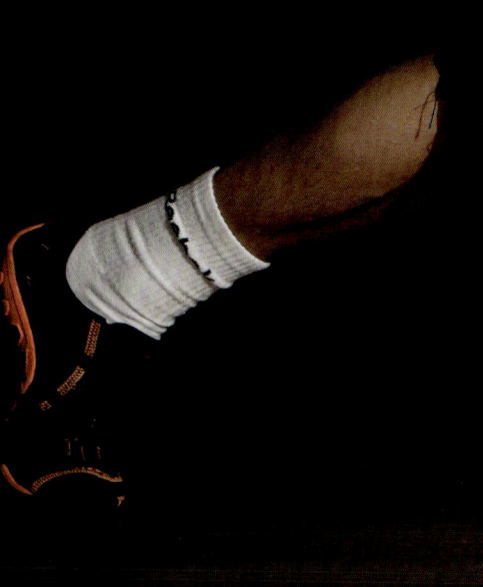

做法：

- 从高平板支撑开始（见第62页），双手打开稍宽于肩。
- 腹肌发力。
- 重心向前，左脚与右手呈对角线。
- 交替，右脚与左手呈对角线，完成动作。

9 | 尺蠖式

练习部位：全身　　**重点：拉伸腿部后侧、核心**

做法：

- 以正确站姿开始，双脚与髋同宽，手臂向上伸直过头顶，指尖朝上，手掌相对。

- 肩膀向后下方拉，腹部与髋部用力，后背挺直，手臂与耳朵呈一条直线。

- 髋部继续用力直到双手着地，接着做高平板支撑（见第62页）。重心向前，直到鼻子超过指尖。

- 膝盖可以稍弯曲，后背尽量保持挺直。

- 双手向双脚方向移动，尽量保持腿部伸直，感受腿部后侧拉伸。

- 重回最初站立姿势，完成动作。

10 | V 字仰卧起坐

练习部位：腹、核心　　重点：腹

做法：

- 平躺，手臂向上伸过头顶。
- 激活核心肌群。
- 弯腰，同时抬高双腿和上身，使之远离地面。
- 继续抬起直到手脚互相触及。
- 慢慢回到最初动作。

" 我爱这种仰卧起坐，它能超快速消耗体力。"

11 | 空中蹬车

练习部位： 腹、臂、核心　　**重点：** 腹外斜肌

做法：

- 平躺，手臂向上伸展过头顶。

- 激活核心肌群。

- 弯腰，同时抬起双腿和上身，使之远离地面。

- 继续抬起直到上身与双腿均呈 45 度。

- 右腿慢慢向下，左腿向上呈 90 度。

- 右手臂与左脚踝互相触及呈对角线状，保持左腿伸直。

- 重复相反方向，完成。

> 多做几次就是挑战，感觉全身都在燃烧！

12 | 俄罗斯转体

练习部位：核心稳定、腹　　重点：腹外斜肌

做法：

- 坐于地面，双脚着地，双手放于膝盖。
- 保持后背挺直，向后倾斜直到腹肌感应。
- 慢慢抬起双脚，调整膝盖位置保持平衡。
- 双手交叠，与胸同高，保持髋部与双腿不动，向右旋转上身。
- 右手肘点地，尽量靠近身体中央。
- 保持髋部与双腿不动，向左旋转上身，手肘点地，完成动作。

13 | 腹肌摇摆

练习部位：核心、腹　　重点：核心

做法：

- 平躺，手臂向上伸过头顶，双腿伸直。

- 激活核心肌群。

- 弯腰，手臂与双腿抬起远离地面直到腹肌感应。肩与双脚抬离地面。

- 轻轻前后摇摆，确保核心稳定，腹部不凸起，保持手臂与耳朵呈一条直线。

- 继续摇摆，完成。

> 我发现人们之前很少用这个动作，但是一旦掌握了窍门，那它真的非常锻炼腹肌！

14 | 滑冰者式

练习部位：**下身、核心、臂、协调**　　重点：**腿**

1

2

做法：

- 右腿单腿站立，右膝稍屈，左腿弯曲于身后，膝盖呈90度。

- 双臂与肩同高，左臂向前伸展，右臂向侧边伸展，双臂互相呈90度。右膝弯曲，跳跃或慢行，双腿换置，同时双臂换置，将右臂置于前方，左臂置于侧方。

- 保持挺胸，肩膀后仰。

变化：

力量滑冰者式

加大难度，跳得更高，双腿分开得更宽，腿更屈，可以用双手触摸地面。

15 | 高抬腿

练习部位：全身　　**重点：腹肌下部、腿**

变化：

双臂像攀岩或者抓住藤绳一样挥舞。

做法：

- 以正确站姿开始，双腿与髋同宽。
- 稍向后倾斜，抬起右膝高于髋处，朝向胸部。
- 落地的同时，抬起左膝高于跨处，朝向胸部。
- 交替进行，加快速度，抬尽可能高。

小测试：

这是我核心练习的动作，它能提高速度、力量、协调性和柔韧性。越快越好，越高越好。

挑战一下自己，这个动作能坚持多久？

16 | 横向弓步

练习部位：**下身**　　重点：**腿**

做法：

- 以正确的站姿开始，双手置于髋部。收紧大腿，下身向后，想象即将坐在椅子上。
- 髋部继续用力，弯曲膝盖，继续深蹲。
- 腹肌用力，挺胸，右腿向右伸出。保持左腿弯曲，暂停。
- 右腿收回，左腿向左伸出，保持右腿弯曲。
- 左腿收回，完成动作。

变化：

开始时双手置于地面，身体呈低跳跃状，完成以上横向弓步，但是保持双手置于地面。

17 | 手枪式深蹲

练习部位：髋、腿　　重点：核心、腿

做法：

- 站立，双脚与髋同宽，眼睛注视前方，腹肌发力。

- 双手向前伸平，与肩同高，平行于地面。

- 右腿抬起，离地面约1米，保持。

- 髋部向后，身体向下。

- 继续向下到尽全力，右腿保持抬离地面，开始时可用墙作支撑。

- 暂停调整，直到平衡，指尖可点地。

- 身体向上回到初始姿势，但右腿不放下，完成动作。

> 开始挑战性练习的时候身体会很快适应。要做好这个动作,你必须用腿部力量、身体的柔韧性、平衡能力以及极大的决心。

18 | 手臂深蹲

练习部位：腿、背、腹、臂　　　**重点**：腿

做法：

- 双腿站立，与肩同宽，手臂向上伸过头顶，肩膀向后下方拉伸。

- 腹部用力。

- 先髋部用力，再弯曲膝盖，保持眼睛注视前方，手臂与耳朵呈一条直线。

- 身体迅速向下，脊柱保持中立位置，手臂动作不变。

- 身体继续向下直到大腿于地面平行或更低。

- 脚掌用力，大腿内侧收紧，回到最初站姿。

19 | 深蹲至腹肌滚动至站立

练习部位：全身　　**重点：腿、腹**

做法：

- 双脚站立，与肩同宽，手臂向上完全伸过头顶。

- 眼睛注视前方，手臂与耳朵在同一直线，腹部发力。

- 先髋部发力，再弯曲膝盖，身体向下直到臀部触及地面。

- 保持双脚着地，向后滚动直到肩膀触及地面，手臂向上完全伸过头顶。

- 回到最初动作，完成。

建议：从坐姿到站姿过程中保持脚跟靠近臀部。

练习部位：**腿、背、腹、臂**　　重点：**腿、下腹**

做法：

- 双脚站立，与肩同宽，手臂向上伸过头顶。
- 腹肌发力。
- 先髋部发力，后弯曲膝盖，眼睛保持注视前方，手臂与耳朵在同一直线。
- 身体迅速向下，脊柱保持中立位置，手臂动作不变。
- 当大腿平行于地面或更低时，脚跟发力，使身体跳跃起来远离地面。
- 这时，将膝盖抬至胸前。
- 以低深蹲着地，完成动作。

建议： 蹲得更低一些才能获得更好的弹跳高度。落地时保持膝盖柔韧，我管它叫软着陆！

将弹跳与深蹲结合起来可以锻炼小腿肌肉，同时增强动态力量和敏捷性。

21 | 贝尔掖式弹跳

练习部位：**全身**　　重点：**腿**

做法：

- 双腿站立，与髋同宽，激活核心肌群。
- 双臂向前伸展，与胸同高。
- 向下深蹲到最低点时迅速向上弹跳，膝盖向前触及胸部。
- 着地时双腿伸展，轻触地面，屈膝减震，完成动作。

> 这个动作肯定能让你快速获得燃烧的感觉。对股四头肌、小腿和心肺功能都有极好的提高，也是能锻炼动态力量的动作之一。

22 | 臀桥点地

练习部位：臀、脚筋、下背、腹　　**重点：**臀、核心、脊柱稳定

做法：

- 平躺，屈膝，双脚着地，与髋同宽，双臂置于身体两侧，手掌向下。

- 收紧并向上抬臀部，保持肩膀着地。

- 背部从上到下着地，回到初始位置。

变化：

　　加大难度，在动作的最高点时抬起一条腿。再加大难度，在整个背部着地过程中抬起单腿。

23 | 波比

练习部位：全身　　**重点：腿**

做法：

- 从高平板支撑动作开始（见第62页），保持臀部和肩膀在一条直线上。

- 双脚与髋同宽，双手放松，向前跳跃，双脚放在双手之间，身体呈蹲姿。

- 跳起时双臂完全伸过头顶。

- 着地时，回复蹲姿，双手落地。

- 双手保持不动，双脚回到高平板支撑动作时位置。

变化：

无跳跃式

身体呈蹲姿，然后以正确站姿站立。

有跳跃式

跳跃式用抱膝跳或星跳加大难度。

建议：波比能激活身体大部分肌群，增加力量和耐力，提高柔韧性。试着去喜欢这个动作，它能带来很多益处。

"

这是锻炼脊柱力量和柔韧性的终极动作，对我旧伤的恢复功不可没。在野外因为需要随时面对残酷的环境和未知的考验，这个练习也大有帮助。它拉伸和强健了我的核心、腿部、背部和肩部。

我的摄影团队也爱这个练习，我几乎可以保证你从未在健身房看见别人做这个动作！这就是我为什么爱它——是挑战也是奇迹。

"

24 | 反向俯卧撑

练习部位：**全身**　重点：**三头肌、肩、背**

做法：

- 从臀桥动作开始（见第85页），双手放于耳朵两侧，手掌向下，手指指向脚趾方向。

- 双手按住地面，将臀部撑起，身体向上抬离地面，弯曲脊柱，臀部、核心和腿部用力。

- 双脚脚跟离地，胸部撑起。

- 暂停，感受完全伸展，慢慢回到臀桥动作，最后平躺。

建议：做反向俯卧撑之前，确保保持臀桥动作20秒。

25 | 引体向上

练习部位：臂、肩、背、核心　　重点：背、三头肌

做法：

- 站立于单杠 1 米远的地方。

- 向上跳跃，双手上手抓住单杠，腹部用力，上身和腿部保持悬空。

- 双手调整距离至肩宽的 1.5 倍。

- 手肘弯曲，慢慢将身体向单杠方向抬起，保持双腿伸直。

- 继续抬起直到下巴超过单杠。

- 暂停，慢慢向下回到最初动作。

变化：

窄引体向上

　　向上跳跃，双手下手抓住单杠，保持双手距离与肩同宽。其他同上。

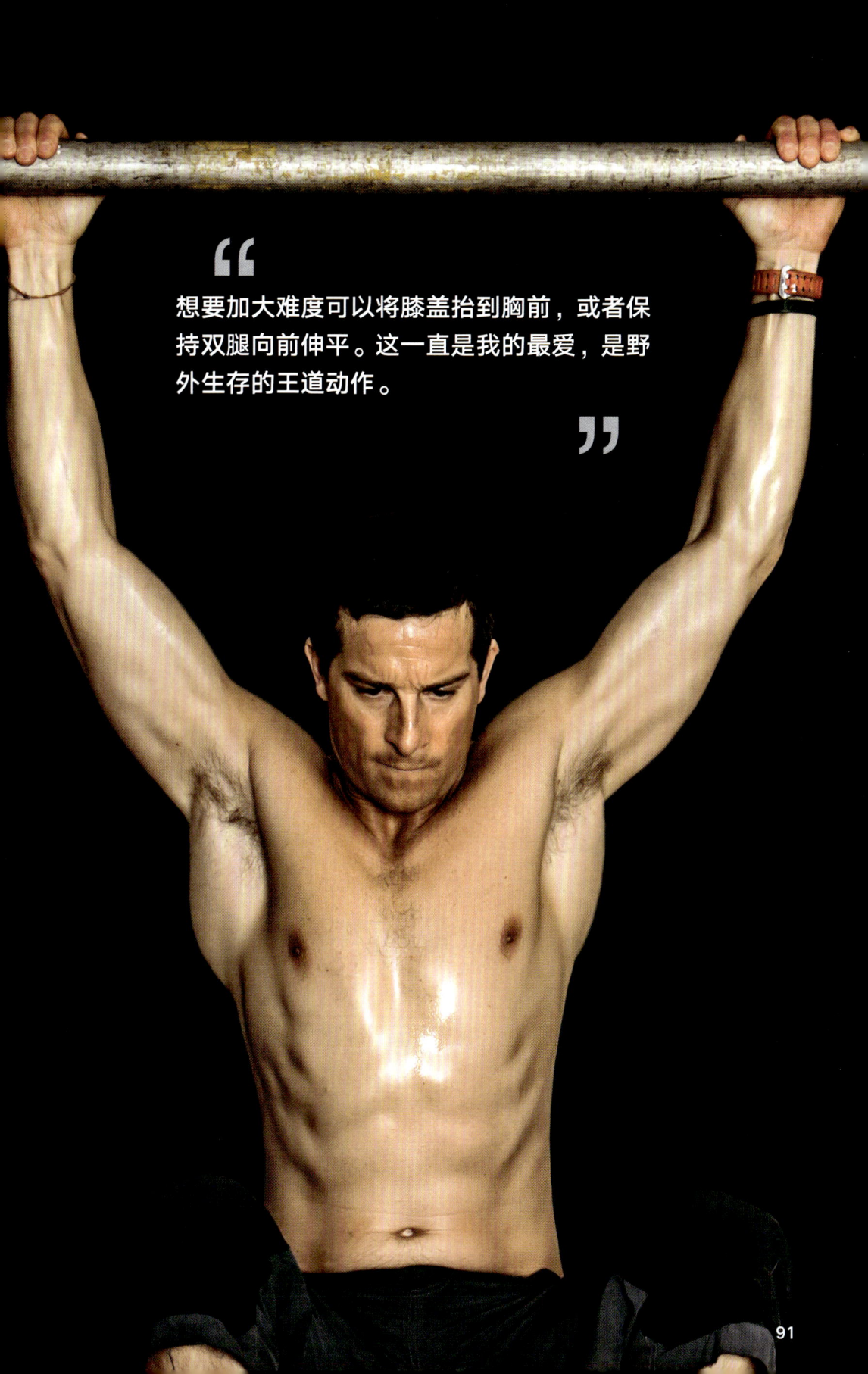

> 想要加大难度可以将膝盖抬到胸前,或者保持双腿向前伸平。这一直是我的最爱,是野外生存的王道动作。

26 | 悬垂举腿

练习部位：**全身**　　重点：**下腹**

做法：

- 站立于单杠 1 米远的地方。

- 向上跳跃，双手上手抓住单杠，腹部用力，上身与腿部保持悬空。

- 调整双手位置与髋同宽。

- 激活肩部，上身收紧。

- 慢慢举起双腿呈 90 度，尽量保持伸直，直到与地面平行。

- 暂停，慢慢回到最初动作。

27 | 足尖触杆

练习部位：腹、臂、肩、背、核心　　重点：腹、臀

做法：

- 向上跳跃，双手上手握住单杠，与肩同宽。
- 腹部与肩部用力。
- 双脚从后方抬起。
- 双脚慢慢向前摆动，向上至单杠方向，弯腰。
- 继续向上直到双脚脚尖触及单杠。
- 回到最初动作，完成。

> 这也是我一直最爱的动作之一！只要有安全的器材可以随时随地做。我个人来说最喜欢在威尔士岛做，当时我用脚手架杆水平放在海边的岩石上每天练习（极好的动力）。

28 | 俯卧撑

练习部位：全身　　**重点：胸、核心**

做法：

- 从高平板支撑开始（见第 62 页），双手距离为肩宽的 1.5 倍，置于胸部下方。

- 激活核心，身体向下直到手肘呈 90 度或更低。

- 保持背部伸直，耳朵、肩膀和臀部在同一直线，手掌支撑身体，回到最初动作，完成。

变化：

单腿俯卧撑

加大难度，在动作中抬起一条腿。

29 | 龙式俯卧撑

练习部位：全身、协调　　重点：核心、肩、臂、胸

做法：

- 从高平板支撑开始（见第62页），双手稍宽于肩，置于胸部下方。

- 身体向下做正常俯卧撑，同时右臂稍向前交叉，右膝向前触及右肘。暂停。

- 身体向上回到最初位置。

- 身体向下做正常俯卧撑，同时左臂稍向前交叉，左膝向前触及左肘。暂停。

- 身体向上回到最初位置。

30 | 超人式起

练习部位：背、核心、臂、臀　　重点：核心肌群稳定

做法：

- 面向下平躺，下巴内收，眼睛注视下方，双臂向前伸展呈超人状。

- 身体放松，吸气，收紧臀部，举起右臂与左腿，抬离地面。

- 暂停在最高点，慢慢收回到最初位置。

- 最低点处吸气，抬起相反的臂与腿。

- 暂停在最高点，慢慢收回到最初位置。

变化：

高平板支撑超人式

从高平板支撑动作开始（见第62页），肩膀置于手腕正上方。腹部与臀部用力。

抬起相反方向的臂与腿，直到手臂置于耳朵处，腿与髋同高。

暂停，直到达到平衡，慢慢收回至高平板支撑动作。

重复另一侧，完成。

31 | 三头肌至超人式俯卧撑

练习部位：**全身、肩、臂、核心、背**　　重点：**三头肌、核心腹肌**

做法：

- 从平板支撑开始（见第 62 页），肩膀置于手腕正上方。激活腹肌和臀部。

- 弯曲手肘以使身体向下，保持手肘紧贴肋骨两侧。

- 在最低点暂停，然后手脚将身体撑起，举起左臂和右腿使身体呈超人状。

- 重回高平板支撑动作，重复另一侧，完成。

变化：

窄俯卧撑

　　从高平板支撑开始，身体下降直到手肘呈 90 度。保持手肘紧贴身体。激活核心肌群。

32 | 背起

练习部位：背、核心、臀　　**重点**：背

做法：

- 平躺，面部朝下，下巴内收，眼睛注视下方，手臂向前伸展呈超人状。

- 身体放松，吸气时收紧臀部，上身向上抬离地面。

- 暂停在最高点，慢慢向下回到最初位置。

拉抻练习

PRIMAL POWER STRETCH

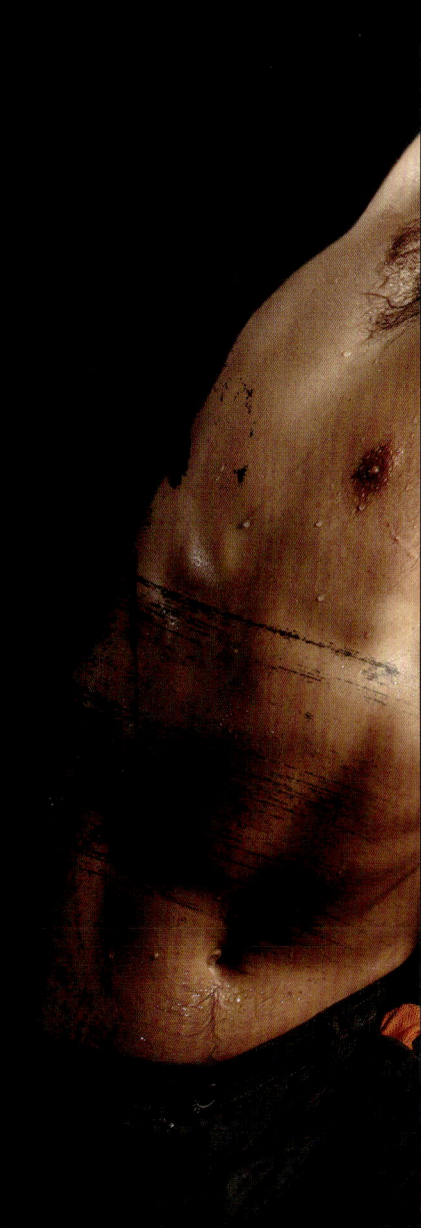

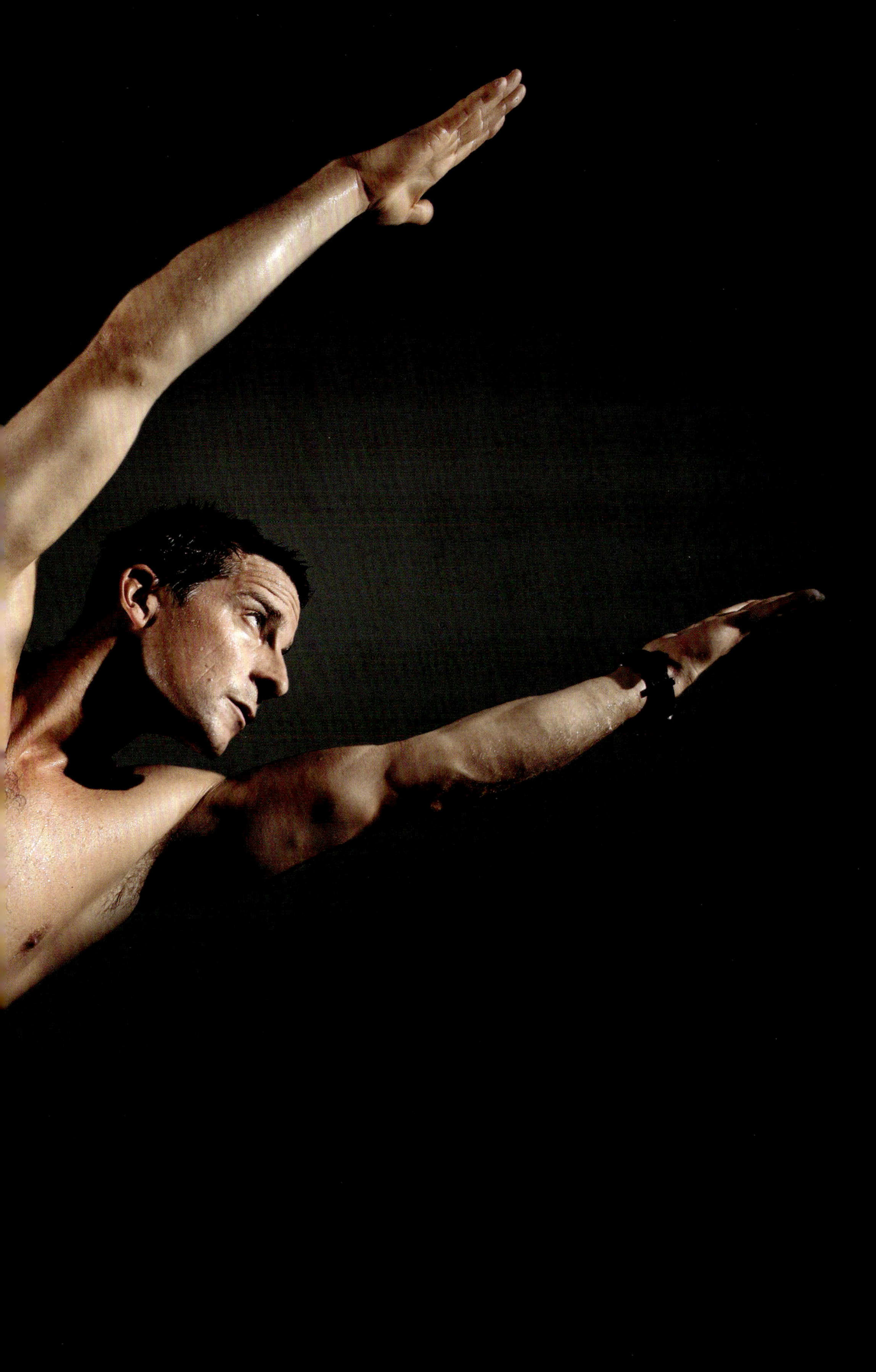

1 | 山式

重点：优化站姿、强健心灵、大腿、膝盖、腹和臀

> 这个动作使站立更加坚实和稳定——我称之为珠峰式。这是我进行拉抻前必做的姿势。

做法：

- 双脚并拢站直，身体重心均匀分布。

- 吸气，膝盖向大腿挤压，腹部与臀部发力。

- 抬高胸廓，肩膀后仰远离耳朵。

- 双臂放松置于身体两侧，呼气，完成。

2 | 伸展山式

重点：优化站姿、强健心灵、大腿、膝盖、腹和臀

做法：

- 双脚站立，身体重心均匀分布。

- 吸气，膝盖向大腿挤压，腹部与臀部发力。

- 呼气，提升胸廓使之远离髋骨，肩膀远离耳朵。

- 吸气，伸展手臂过头顶，手掌相对。

- 保持肩膀后仰与颈部保持距离，呼气，完成。

3 | 前弯

重点：拉伸脚筋与小腿、强健手臂

建议： 开始可能需要屈膝，柔韧性会慢慢提高。你可以用进程表记录运动范围（见第203～206页）。

做法：

- 以伸展山式开始（见第103页）。

- 臀部用力，屈膝，向前弯曲身体，保持脊柱尽量伸直。

- 继续弯曲直到胸部触及大腿，双手触及小腿或地面。

- 呼气，慢慢伸直双腿，全脚掌着地。

- 下巴内收，感受到颈部的拉伸。

- 慢慢回到最初动作。注意头部最后回复。

4 | 平板支撑

重点：臂、肩、腹

做法：

- 面朝下趴在地板或瑜伽垫上，小臂支撑肩膀与上身。手肘处于肩膀正下方。

- 将身体撑起抬离地面，小臂与脚趾用力使得头部与脚呈一条直线，做低平板支撑。

- 保持脊柱的中立位置，手腕用力使身体做高平板支撑，腹部用力，膝盖收紧挤压大腿。

- 臀部收紧，肩膀远离耳朵，保持眼睛注视下方地面。

变化：

如果手腕有问题可以保持低平板支撑建立核心力量，等到身体与心理都准备成熟再进行高平板支撑。

5 | 上犬式

重点：优化动作、伸展强健脊柱、手臂、手腕、打开胸腔

做法：

- 从高平板支撑开始（见第 105 页）。身体向地面放低，肘部贴近躯干。确保肩膀处于手腕正上方。

- 身体继续向下直到触及地面。

- 吸气，腹部用力，收紧臀部以锻炼下背部。

- 伸直双臂，将胸部抬起。

- 呼气，肩膀后仰远离耳朵，与颈部保持距离。

- 眼睛注视前方，吸气以打开胸腔。

- 呼气，伸展脊柱，完成动作。

变化：

如果想要加大难度可以尝试当抬起胸部时，髋部和大腿也向上抬离地面。

6 | 下犬式

重点：伸展脊柱、脚筋和肩部、促进全身血液循环

做法：

- 从山式开始（见第 102 页）。前弯直到双手着地。必要时可微微屈膝。

- 腹部用力，双脚交替向后走，直到身体呈高平板支撑（见第 105 页），手掌平贴地面，身体重心向前。

- 手指张开以保持稳定，臀部垂直向上抬，直到身体呈倒 V 字形，保持膝盖微屈。

- 脚跟向下用力，伸直双腿，完善倒 V 字形，双臂伸直。

- 胸部向下，背部伸直。

建议：想象头部很重，头部重心很低，就像有人抓住你的腰带将你提起。

> 这是有利于核心、背部和腿部很好的瑜伽伸展动作，我在需要快速伸展时都会用到。

7 | 分裂下犬式

重点：拉伸脚筋、提高髋部柔韧性、强健手臂

建议：重点是要保持支撑腿的稳定和脊柱的伸展。

做法：

- 从下犬式开始（见第107页），确保身体重心均匀分布于双手。

- 吸气，当呼气的时候，向上抬起右腿，脚跟垂直向上。髋部保持不动，尽量不旋转，保持。

- 慢慢收回，回到最初动作。

8 | 膝盖内拉

重点：激活身体、拉伸肩膀、颈部、脚筋和小腿

做法：

- 从分裂下犬式开始（见第108页）。确保身体重心均匀分布于双手，髋部伸直，腹部用力。

- 抬起侧腿屈膝，向胸部靠拢，调整重心保持平衡。

- 上背部向肩膀方向伸展，继续弯曲膝盖尽可能靠近鼻子。保持眼睛向下前方注视。

- 回到最初动作，完成。

9 | 船式

重点：提高协调和平衡能力、强健腹肌、臀、大腿

做法：

- 坐姿，屈膝，双脚着地与髋同宽。
- 双脚抬离地面，膝盖弯曲，靠近胸部。
- 必要时，双手置于腿后保持平衡。
- 脊柱伸直，挺胸，着力髋部，保持双脚抬离地面。
- 后倾，直到感受到腹部发力。
- 注意平衡，腹部继续用力。
- 保持双脚抬起，完全伸展双腿，保持背部和胸部不动，完成。

10 | 俄罗斯祷告式转体

重点：提高协调和平衡能力、强健腹肌、臀、大腿

做法：

- 坐姿，挺直脊柱，髋部着力，屈膝，双脚着地。

- 后倾，直到感受到腹部发力。

- 注意平衡，激活核心肌群稳定。

- 慢慢使双脚抬离地面，保持屈膝。

- 双手呈祷告状。

- 上身慢慢向右扭转，直到右肘处于身后。

- 右肘点地，尽量靠近身体中线。

- 保持髋部与腿部不动，上身向左扭转，左肘点地，尽量靠近身体中线。

- 身体回到最初位置，双脚着地，完成。

11 | 站立坐椅

重点：强健下半身与下半背、拉伸肩膀

做法：

- 从山式开始（见第103页）。双臂举过头顶，髋部带动臀部向后，想象即将坐在椅子上。保持。

- 大腿并拢，稍向前倾。肩膀向后伸展远离耳朵，腹部发力。

- 保持背部挺直，眼睛注视前方。指尖向上，手掌相对。

- 继续向下坐，完成。

变化：

双手祷告于身体前方或后方

　　肩膀向后收，双手呈祷告式。将其放置于身前胸口处或身后肩胛骨中央处，指尖向上。

脚趾站立坐椅

　　身体重心稍向前，脚跟抬离地面，脚趾着力。

鹰式手臂站立坐椅

　　双臂向外伸展交叠，左臂置于右臂下方，手肘交错。手腕处同样交叠，双手握紧，指尖向上。悬空坐下，双臂向前远离身体，完成动作。

12 | 臀桥式

重点：强健腹肌、下半背、腿、打开肩膀与胸腔、减缓压力

做法：

- 平躺，屈膝，双脚着地，与髋同宽。双臂放松置于身体两侧，掌心向下。

- 脚跟用力，收紧臀部，撑起髋部离开地面。

- 卷起身体直到髋部完全伸展。保持肩部始终接触地面。

- 双手紧握置于髋部下方。加大难度可将肩膀向后收紧，完成动作。

变化：

单腿臀桥

　　垂直向上伸展一条腿，保持脊柱不动。

13 | 战士一式

重点：强健下半身、腹、臀

做法：

- 从伸展山式开始（见第103页）。右脚向后一步，距离大约是髋宽的2倍。

- 肩膀后仰，腹肌用力。

- 右脚向外45度。

- 屈左膝，使身体呈弓步。确保膝盖处于脚腕正上方。

- 右臀向前使臀部与肩部呈一条直线。

- 腰部稍向前倾，保持背部挺直。

- 挺胸，向上伸展双臂，掌心相对，指尖向上。

- 吸气，挺胸，肩膀后仰，眼睛注视双手，完成。

建议：右脚始终保持着地。找到身体的极限，不断挑战新的极限。

2

重点：优化姿势、臀部柔韧、强健下半身

做法：

- 双脚站立，距离大约是髋骨的 2 倍，伸展双手，吸气，挺胸。

- 左脚向外约 90 度，右脚向内约 45 度。

- 屈左膝，与左脚踝同一方向。

- 向两侧完全伸展手臂，使之平行于地面。转头向左肩。

- 左手掌心向下，右手掌心向上，手指逐一伸展，打开胸腔，感受能量。

- 吸气，呼气时加深动作，眼睛注视右手拇指于中指中间。

- 肩膀后仰远离耳朵，与颈部保持距离，完成。

变化：

反向战士二式

- 从战士二式开始，垂直向上慢慢举起左臂，腰部向后，保持左膝与右腿不动。

- 左手掌心面对脸部。

- 右侧大腿向下，左臂继续向后伸展。

- 保持眼睛注视上方左手掌心。

- 继续倾斜直到身体侧边感受拉伸。

15 | 战士弓步触摸

重点：强健小腿和臀部、保持平衡、提高身体协调能力

做法：

- 从山式开始（见第102页），左腿向后一大步呈弓步，双脚距离与髋同宽，或更宽，以保持平衡。

- 双臂向上伸展过头顶，腹部用力。身心重心移至右腿，左脚抬离地面，单腿站立，保持髋部正向前。

- 保持平衡。腰部前倾，身体向下，直到左腿、上身和双臂平行于地面，眼睛注视下方。

- 肩部与脚呈一条直线，颈部与脊柱呈一条直线。

- 保持髋部平行于地面。

- 呼气，回到弓步姿势，然后慢慢回到山式。

建议：如果这个动作太难，可以只做其中的一部分。保持上身和抬起的腿在一条直线上，如果需要保持平衡，可以脚尖点地。

16 | 三角式

重点：伸展全身、强健大腿、膝盖和脚踝、活动背部、伸展腹外斜肌

做法：

- 双脚站立，距离是髋宽的2倍，髋部平行于肩部。
- 右脚向内45度，左脚向外90度。
- 双臂向外伸展，与肩同高，使之平行于地面，身体呈T字形，掌心向上。
- 臀部向右脚方向后推，左腿伸直。
- 收紧左膝向大腿方向。
- 眼睛直视右手，上身慢慢转向左腿呈风车状，左手放松放在左小腿上。
- 伸展右臂，右肩后仰，髋部打开，完成动作。

建议：想象自己被两块玻璃夹在中间。重点在完美的全身协调。

变化：

三角式转体

上身旋转180度，形成一个闭合的三角形。

17 | 树式

重点：提高平衡、强健核心、下半身、脊柱

建议：抬起的膝盖应该与髋部呈90度角。如果很难保持平衡，可以将抬起的腿靠近地面，放在支撑腿的脚踝处。

做法：

- 从山式开始（见第102页），吸气，腹肌用力，集中注意力，呼气。

- 慢慢抬起右腿，将脚掌和脚跟贴于左腿内侧。

- 挺胸，髋部打开，肩部后仰，双手呈祈祷式，保持双手靠近胸前，收紧左膝向大腿方向。

- 向上伸展双臂，双手保持祈祷式，保持。

- 收回双臂与右腿回到最初山式。

18 | 鹰式

重点：伸展肩部、上背、下半身、提高注意力

做法：

- 从山式开始（见第102页），集中注意力保持平衡。

- 右腿抬离地面，绕过左腿。将右脚置于左腿小腿后侧，单腿站立。

- 双臂向外伸展，然后交叉，左臂置于右肘下方。

- 手腕交叉，双手相握，十指指尖垂直向上。

- 单腿深蹲，手肘抬至下巴高度。

变化：

将此动作分解为腿部鹰式和手臂鹰式。蹲得越低，难度越大。

- 自臂部向上保持挺直，双臂向前远离身体以产生后背拉伸感，完成。

19 | 乌鸦式

重点：平衡、强健手臂、腕部、腹部、拉伸上背和大腿内部

做法：

- 从高平板支撑开始（见第105页）。走步或跳跃，双脚向前至双手。双脚置于双手外侧。

- 保持髋部处于低位，腹部发力，弯曲肘部以支撑身体重量。

- 手肘贴紧膝盖内侧。

- 双脚靠近直到拇指接触。

- 保持眼睛注视前方，做好准备。

- 脚趾用力抬离地面，保持身体紧贴大腿，身体前倾，重心分布于手臂。

> 这个动作是我的一个关键的基础动作，我热爱它的原因是能挑战用手臂保护身体的平衡，还能锻炼专注的心态。这是走向专业的一步，能真正地伸展背部上部。但是，要注意的是，还是需要花费时间来完善这个动作。坚持下去会成功的！

20 | 侧立至 T 字站立

重点：伸展肩膀、胸部、手臂和核心、集中平衡和核心力量

做法：

- 从高平板支撑开始（见第 105 页），双脚与髋同宽。

- 确保双手置于肩部正下方，脚趾与肩膀呈一条直线。

- 收紧腹部，垂直举起右臂，同时同侧旋转髋部与双脚。

- 肩部与脚踝呈一条直线，保持，双臂伸展过头顶。

- 手臂向下，臀部与脚旋转回高平板支撑，暂停。

- 调整身体重心向前，激活腹部、臀部和大腿。

- 向另一侧旋转，重复动作，完成。

21 | 扩展贝尔式

重点：伸展背部下部和手臂、休息身体

做法：

- 双膝跪地，挺直后背，手臂置于身体两侧。

- 双膝与肩同宽，坐于脚后跟。

- 臀部以上向前弯曲折叠，直到额头触及地面。

- 双臂向前伸展，在自己能力范围之内，将胸部贴近膝盖。

- 调整呼吸，胸部尽可能向下，休息，完成。

22 | 狂野式

练习部位：全身　　**重点：核心、腿、肩、臀**

做法：

- 从下犬式开始（见第107页）。
- 抬起右腿，脚后跟垂直向上。
- 屈右膝，脚后跟向臀部、髋部及身体，可稍旋转。
- 将身体重心从左臂转移至左脚外侧。
- 抬起右臂，身体垂直向上旋转。眼睛注视手臂。
- 右脚着地，收紧臀部，提升髋部，呈下腰状。
- 脚趾发力，抬起脚后跟。如果可以，头部向下，伸展右臂。
- 臀部向下，回到下犬式。
- 重复另一侧。

> 如果有一个动作让你觉得自己变成野兽，就是这个了，它的灵感来源于对室内攀岩的热爱和对危险动作的妥协！我一般会握住脚掌，脚趾向后弯曲，以得到更多的牵引和难度。
>
> 健身时用这种动作总是好玩的。当然也能让我强壮，舒缓我30岁时留下的背部旧伤！

5 | 健身
THE WORKOUTS

"要么疯狂，要么腐朽。"

健美从来都没有捷径。只有坚持不懈的努力、汗水和决心，才能形成人生最美的形状。投入是成功的关键，就像我在这本书里反复提到的一样，所以，开始吧！

健身之前，先热身

在你健身之前，记得热身。这很重要，相信我，这会提高效率，还能减少你受伤的风险。热身对我来说已经不只是运动准备而已。我发现它还能帮我在心理上做好准备。

这些充满活力的热身运动是由一系列全身运动组成的，旨在通过挑战动作，力量和平衡来协调你的运动部位（韧带、关节和肌肉）。它们能：

- 提高动作多样性。
- 提高协调能力。
- 增加关节活动性。
- 提高肌肉温度。
- 增加肌肉血液流动。
- 为神经系统（神经至肌肉通道）做准备。
- 提高效率。
- 减少受伤风险。

有效的热身运动就是在模拟真实的健身过程。考虑到这点，我在每类练习课程中都加入了热身运动：壶铃训练、徒手训练和拉伸训练，还有一个针对英雄式健身的混合型热身运动。

记住，热身运动应该慢慢开始，快速进展。

> 热身运动就像迷你的健身一样。这没关系，它在计划之中，是开始训练的好方式。

" 开始…… "

壶铃热身

x8 旋转肩膀，向前向后

x8 手臂画圈，向前向后

x8 髋部画圈，向右

x8 髋部画圈，向左

x8 深蹲

x8 抱臂深蹲与对角线伸展

x8	x4	x4
高抬腿	弓步侧弯，向右	弓步侧弯，向左

x4	x4	x8
弓步转体，向右	弓步转体，向左	臀桥点地（见第85页）

x8	x8	x8
壶铃硬举（见第34页）	站立腹部8字形（见第32页）	站立腹部8字形至伐木式（见第33页）

徒手热身

旋转肩膀，向前向后

旋转颈部，上下左右

抱臂与伸展

抱臂与对角线伸展

抱臂深蹲与对角线伸展

弓步转体，向右

x8 — 弓步转体，向右	 **x8** — 弓步转体，向左	 **x4** — 尺蠖式至4次爬山者式（见第70与第65页）
 **x4** — 尺蠖式至4次交替爬山者，伴随俯卧撑（见第70与第66页）	  **x4** — 俯卧撑	  **x8** — T形俯卧撑
 **x8** — 贝尔式跳跃点地（见第67页）		

拉抻热身

检查站姿并找到脊柱的中立位置（见第 25 页）

x4 呼吸山式（见第 102 页）

x6 站立侧伸展

x6 扫地起身

x6 扩展山式至站立坐椅式（见第 103 与第 112 页）

x6 扩展山式至站立坐椅脚尖式

x6

前弯（见第 104 页）

至高平板支撑（见第 105 页）

至下犬式（见第 107 页）

至高平板支撑

至前弯

> 如果健身没有挑战，你就不会进步。

英雄式热身

x4 — 转头，向右

x4 — 转头，向左

x8 — 上身转体

x8 — 抱臂与伸展

x8 — 抱臂与对角线伸展

x8 — 抱臂深蹲与对角线伸展

x8	x8	x8
贝尔走步式，无跳（见第67页）	贝尔跳跃点地（见第67页）	壶铃平板支撑，伴随伏地挺身划船（见第43页）

x8	x8	x8
弓步壶铃抱球握法	壶铃蜘蛛式平板支撑（见第41页）	臀桥与壶铃胸推（见第36页）

x8

壶铃腹部紧缩至站立（见第39页）

贝尔冷却

锻炼完成之后，你需要冷却。

它可以让身体在强烈运动后得到休息。再重复一遍，不要忽略它们，它们是很重要的一部分。我用冷却过程来让呼吸、体温和心跳恢复到正常。为了让它更有效，我喜欢跟伸展运动结合起来。

冷却过程跟热身一样简短，但是不包括力量练习，强度也不高，只是一系列伸展动作。每个伸展动作保持20秒以上。等到伸展的感觉消失后，再加大强度以提高肌肉柔韧性。

冷却过程

跟随以下低强度动作缓慢降低心率。

x8 滑冰者式，不跳，不挥臂（见第75页）

x8 浅蹲

x8 浅弓步转体，向左向右

x4 超人式起身（见第96页）

x4 背起（见第99页）

138

伸展过程

每个动作保持 30 ~ 45 秒。

脚筋伸展，左右	平躺腹肌伸展	上背伸展	下背伸展
收缩伸展	四头肌伸展，左右	小腿伸展，左右	腹外斜肌伸展，左右
肩部伸展，左右	三头肌伸展，左右	背部与脚筋混合伸展	脊柱旋转伸展，左右
坐式转体，左右			

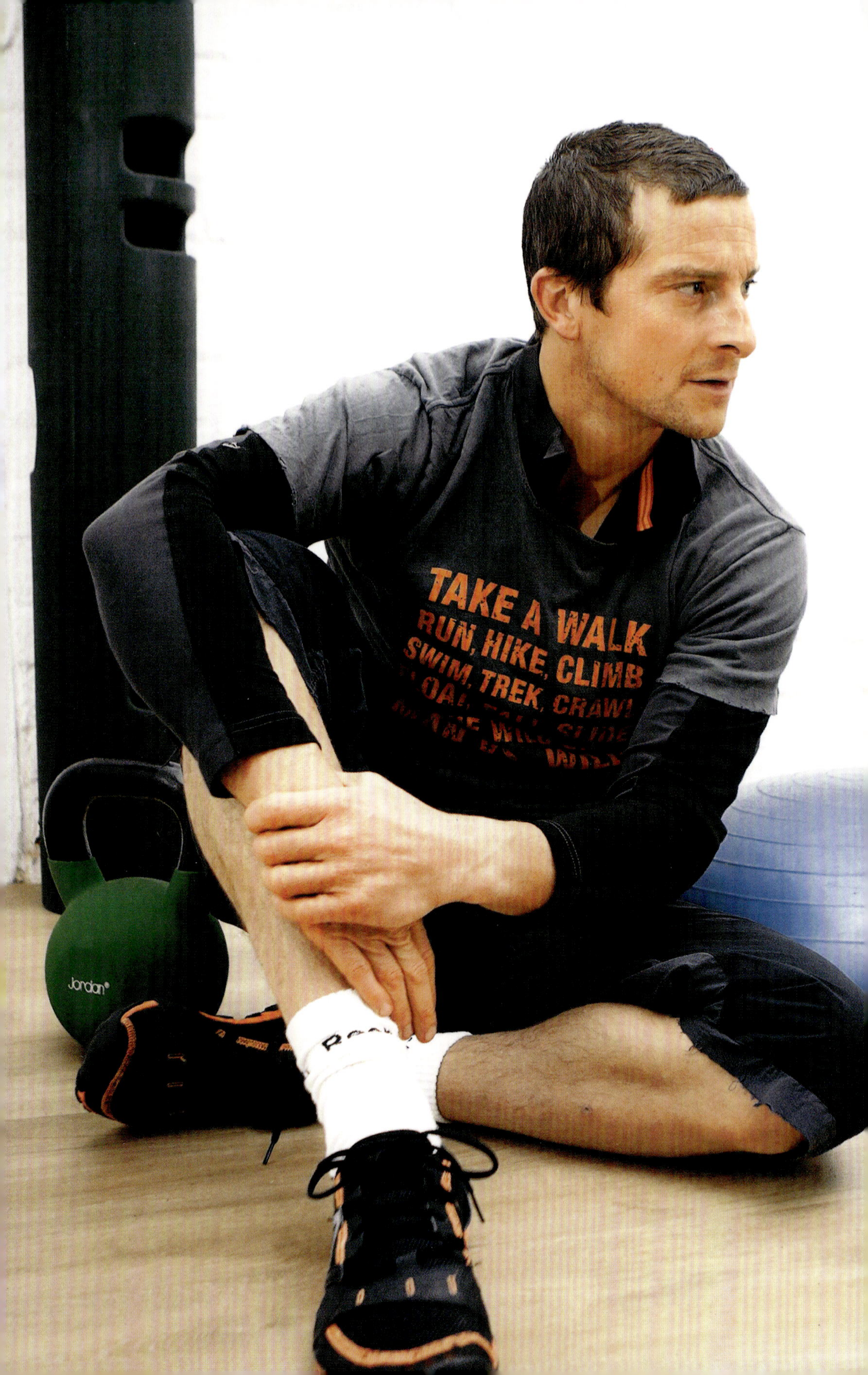
TAKE A WALK
RUN, HIKE, CLIMB

集中式健身
FOCUSED WORKOUTS

好，准备好开始锻炼了吗？以下的集中锻炼可以帮助提高你的体能，让你更强壮，减少体脂并增加肌肉。

按练习课程（壶铃、徒手和拉抻）和身体部位（下半身、上本身和全身）分组。另外还有我的英雄式锻炼。他们可以加速练习，打破陈规，并持续锻炼你的肌肉！最好是每周增加这样的锻炼。

壶铃锻炼一

全身

时间：10分钟、20分钟或30分钟。

完成以下动作组，一次10分钟，两次20分钟，或三次30分钟。

器材：壶铃，瑜伽垫。

完成**壶铃热身**（见第 130 ~ 131 页）

第一组 完成以下动作以作为一组，4分钟内做越多组越好。

x10	x10	x10	x10
壶铃硬举（见第34页）	单腿硬举，左腿（见第35页）	单腿硬举，右腿	壶铃硬举

休息1分钟

第二组 完成以下动作，每锻炼20秒休息10秒。

- 双手摇摆（见第31页）
- 壶铃力量平板支撑伴随伏地挺身划船（见第43页） 
- 双手摇摆 
- 壶铃俯卧撑（见第53页） 

- 高脚深蹲（见第45页）
- 壶铃前深蹲推举，右侧（见第44页） 
- 壶铃前深蹲推举，左侧 
- 旋转肩膀，向前向后 

休息1分钟

休息，完成一次**全身冷却**（见第138 ~ 139页）。

142

> 在你开始这些壶铃锻炼之前，我有最后一个建议——你会经常在我和娜塔莉锻炼时听见的，也是我一个人锻炼时脑海中浮现的：
>
> 注意！铁铸的东西在头顶上可不是闹着玩的。尊重壶铃……现在就开始吧！

壶铃锻炼二

全身；重点上半身

时间：30分钟

器材：壶铃，瑜伽垫。

完成**壶铃热身**（见第130～131页）

第一组 完成以下动作。每锻炼20秒休息10秒。

臀桥内拉（见第37页）  > 臀桥与壶铃胸推（见第36页）  > 臀桥内拉  > 臀桥与壶铃胸推

壶铃硬举（见第34页）  > 单腿硬举，左腿（见第35页）  > 单腿硬举，右腿  > 壶铃硬举

休息30秒

第二组 完成以下动作。每锻炼20秒休息10秒。

双手摇摆（见第31页）  > 单臂壶铃划船（腿部战士式），右臂（见第40页）  > 单臂壶铃划船（腿部战士式），左臂  > 双手摇摆

土耳其半起身，右侧（见第57页）	土耳其半起身，左侧	土耳其半起身，右侧	土耳其半起身，左侧

休息30秒

第三组 | 完成以下动作。每锻炼20秒休息10秒。

双手摇摆（见第31页）	单手摇摆，右手（见第30页）	单手摇摆，左手	双手摇摆
腹部内拉（见第38页）	弓背起立（见第39页）	腹部内拉	弓背起立

休息30秒

145

壶铃锻炼二

第四组 | 完成以下动作，每锻炼20秒休息10秒。

站立腹部8字形（见第32页）  > 壶铃蜘蛛式平板支撑，左右（见第41页）  > 站立腹部8字形至伐木式（见第33页）  > 壶铃蜘蛛式平板支撑与钻石式俯卧撑（见第41与第52页）

壶铃风车，右侧（见第51页）  > 壶铃风车，左侧  > 单臂壶铃划船（腿部战士式），右侧（见第40页）  > 单臂壶铃划船（腿部战士式），左侧

休息30秒

第五组 | 完成以下动作。每锻炼20秒休息10秒。

壶铃前蹲，右侧（见第44页）  > 壶铃前蹲，左侧  > 壶铃前蹲推举，右侧（见第44页）  > 壶铃前蹲推举，左侧

壶铃弓步与推举，右侧（见第48页）	壶铃弓步与推举，左侧	高脚深蹲（见第45页）	高脚深蹲与推举（见第45页）

休息30秒

第六组 连续完成以下动作，3分钟内完成越多越好。

x6	x6	x6
壶铃俄罗斯式转体（见第54~55页）	弓背起身（见第39页）	二头肌至双手军队式推举（见第49页）

休息1分钟

休息，完成一次**全身冷却**（见第138~139页）。

壶铃锻炼三

全身；重点上身与核心

时间：**30分钟**

器材：壶铃，瑜伽垫。

完成**壶铃热身**（见第 130 ~ 131 页）

第一组 连续完成以下动作，6分钟内完成越多越好。

x10 双手摇摆（见第31页）

x10 单手摇摆，右侧（见第30页）

x10 单手摇摆，左侧

x10 壶铃弓步与推举，右侧（见第48页）

x10 壶铃弓步与推举，左侧

x10 高脚深蹲与推举（见第45页）

x10 壶铃胸推（见第50页）

x10 贝尔式转体与推举（见第55页）

x10 腹部内拉（见第38页）

x10 弓背站立（见第39页）

休息1分钟

148

第二组 | 完成以下动作。每锻炼20秒休息10秒。

壶铃前蹲推举，右侧（见第44页）	壶铃前蹲推举，左侧	壶铃风车，右侧（见第51页）	壶铃风车，左侧
壶铃平板支撑划船，右侧（见第42页）	壶铃平板支撑划船，左侧	壶铃站立腹部8字形（见第32页）	壶铃站立8字形至伐木式（见第33页）

休息1分钟

第三组 | 连续完成以下动作，1分钟。

壶铃平板支撑，抱球握法（见第41页）	壶铃平板支撑伏地挺身划船（见第43页）	壶铃单臂平板支撑，右侧（见第41页）	壶铃单臂平板支撑，左侧

休息30秒

149

壶铃锻炼三

第四组 | 完成以下动作。每锻炼20秒休息10秒。

| 双手摇摆（见第31页） | 过头摇摆（见第31页） | 单手摇摆，右侧左侧（见第30页） | 高脚深蹲至二头肌至双手军队式推举（见第45与第49页） |

| 双手摇摆 | 过头摇摆 | 单手摇摆，右侧左侧 | 高脚深蹲至二头肌至双手军队式推举 |

休息30秒

第五组 | 连续完成以下动作，4分钟内完成越多越好。

x5 臀桥内拉（见第37页）

x5 弓背起立（见第39页）

x5 臀桥与壶铃胸推（见第36页）

休息1分钟

休息，完成一次**全身冷却**（见第138～139页）。

150

> 集中注意力，
> 身体就会有响应。

徒手锻炼一

全身；重点上身与核心

时间：15分钟或30分钟

完成以下动作，一次15分钟或两次30分钟。

器材：单杠，瑜伽垫。

完成**徒手热身**（见第 132 ~ 133 页）

第一组 | 连续完成以下动作。

- x10 引体向上（见第 90 页）
- x10 龙式俯卧撑（见第 95 页）
- x10 足尖触杆（见第 93 页） 
- x10 反向俯卧撑（见第 89 页） 
- x10 贝尔跳跃点地（见第 67 页）

休息1分钟

第二组 | 连续完成以下动作。

- x5 引体向上（见第 90 页）
- x5 龙式俯卧撑（见第 95 页）
- x5 足尖触杆（见第 93 页）
- x5 反向俯卧撑（见第 89 页）
- x5 贝尔跳跃点地（见第 67 页）

休息2分钟

第三组 | 连续完成以下动作。

- x10 引体向上（见第 90 页）
- x10 龙式俯卧撑（见第 95 页）
- x10 足尖触杆（见第 93 页）
- x10 反向俯卧撑（见第 89 页）
- x10 贝尔跳跃点地（见第 67 页）

休息1分钟

第四组 | 连续完成以下动作。

x5　引体向上（见第 90 页）　>　x5　龙式俯卧撑（见第 95 页）　>　x5　足尖触杆（见第 93 页）　>　x5　反向俯卧撑（见第 89 页）　>　x5　贝尔跳跃点地（见第 67 页）

休息 2 分钟

第五组 | 完成以下动作，30 秒内完成，无休息。

俄罗斯式转体（见第 73 页）　>　贝尔 V 字平板支撑（见第 63 页）　>　三头肌至超人式推举（见第 98 页）　>　蜘蛛式侧平板支撑，右侧（见第 64 页）　>　蜘蛛式侧平板支撑，左侧

休息 2 分钟

休息，完成一次**全身冷却**（见第 138 ~ 139 页）。

153

徒手锻炼二

全身；重点下身

时间：10分钟、20分钟或30分钟

完成以下动作一次10分钟，两次20分钟，三次30分钟。

器材：瑜伽垫。

完成徒手热身（见第132～133页）

第一组 | 连续完成以下动作。

x5 尺蠖式至贝尔跳跃（见第70与第67页）

x5 举臂深蹲（见第80页）

x5 手枪式深蹲，右侧（见第78页）

x5 手枪式深蹲，左侧

x5 波比式（见第86页）

休息30秒，然后重复。

休息1分钟

第二组 | 完成以下动作，每锻炼20秒休息10秒。

高抬腿（见第76页）

蜘蛛式侧平板支撑，右侧（见第64页）

蜘蛛式侧平板支撑，左侧

挥臂高抬腿（见第76页变化）

高抬腿	>	蜘蛛式侧平板支撑，右侧	>	蜘蛛式侧平板支撑，左侧	>	挥臂高抬腿

休息1分钟

第三组 连续完成以下动作。

蚂蚱式（见第 68 页）  > 深蹲至腹部滚动站立（见第 81 页）

休息1分钟

第四组 完成以下动作45秒，无休息。

超人式起身（见第 96 页）  > 空中蹬车（见第 72 页）

" 不要敷衍完成，要100%投入！"

休息1分钟

休息，完成一次**全身冷却**（见第 138 ~ 139 页）。

155

徒手锻炼三

全身；重点核心

时间：10分钟、20分钟或30分钟

完成以下动作，一次10分钟，两次20分钟，三次30分钟。

器材：单杠，瑜伽垫。

完成**徒手热身**（见第132~133页）

第一组 | 完成以下动作。每锻炼20秒休息10秒。

足尖触杆（见第93页） > 尺蠖式至低—高平板支撑（见第70与第62页） > 足尖触杆 > 尺蠖式至低—高平板支撑

三头肌至超人式推举（见第98页） > 贝尔深蹲（见第82页） > 三头肌至超人式推举 > 贝尔深蹲

休息30秒

156

第二组 | 完成以下动作。每锻炼20秒休息10秒。

反向俯卧撑（见第 89 页） > 窄引体向上，下手握法（见第 90 页） > 反向俯卧撑 > 窄引体向上，下手握法

交叉爬山者式（见第 66 页） > 蚂蚱式（见第 68 页） > 交叉爬山者式 > 蚂蚱式

休息30秒

第三组 | 完成以下动作1分钟。

引体向上（见第 90 页）

"
引体向上是终极体能测试。虽然难，但记住，你不用一开始就做到完美，但是你必须在进步！
"

休息1分钟

休息，完成一次**全身冷却**（见第 138 ~ 139 页）。

157

拉抻锻炼一

全身；重点站立力量

时间：10分钟、20分钟或30分钟

完成以下动作，一次10分钟，两次20分钟，三次30分钟。

器材：瑜伽垫。

完成**拉抻热身**（见第134~135页）

第一组 | 完成以下动作。每个动作保持45秒，重复4次（两次左侧，两次右侧）。

站立坐椅（见第112页）  > 战士一式（见第114页）  > 战士弓步与触及（见第118页）  > 战士二式（见第116页）

鹰式（见第121页）  扩展贝尔式

> 跟呼吸配合起来。呼气时，让身体与注意力更深地融入动作中。

休息：在扩展贝尔式暂停5个呼吸时间（见第125页）。

第二组 | 完成以下动作。每个动作保持30秒。重复3次。

低平板支撑（见第105页）  > 船式（见第110页）  > 俄罗斯祷告式转体（见第111页）  扩展贝尔式

休息：在扩展贝尔式暂停5个呼吸时间（见第125页）。

■ 从前弯式（见第104页）到山式，双手呈祷告式（见第102页）以完成动作。

休息，完成一次全身冷却（见第138~139页）。

> 能够像这样控制身体平衡运动的感觉太棒了。这种运动对我至关重要，因为结合了速度、灵敏度和力量。

拉抻锻炼二

全身；重点脊柱

时间：10分钟、20分钟或30分钟

完成以下动作，一次10分钟，两次20分钟，三次30分钟。

器材：瑜伽垫。

完成**拉抻热身**（见第134~135页）

第一组 | 完成以下动作，一次10分钟，两次20分钟，三次30分钟。

扩展山式（见第103页）  > 前弯，深度（见第104页）  > 前弯，眼睛注视前方  > 高平板支撑（见第105页）

上犬式（见第106页）  > 下犬式（见第107页）  > 前弯，深度  > 战士一式，右侧（见第114页）

战士二式，右侧（见第116页）  > 站立坐椅（见第112页）  > 战士一式，左侧  > 战士二式，左侧

站立坐椅	加大难度站立坐椅，指尖着地	扩展山式	前弯，深度
前弯，眼睛注视前方	高平板支撑	上犬式	下犬式
前弯，深度	站立坐椅	加大难度站立坐椅，指尖着地	扩展山式至山式

休息，完成一次**全身冷却**（见第138～139页）。

拉抻锻炼三

全身；重点核心力量

时间：30分钟

完成以下动作30分钟。

器材：瑜伽垫。

完成**拉抻热身**（见第134~135页）

第一组 | 完成以下动作。每个动作保持20秒，两个动作间隔10秒。

臀桥（见第113页）  > 单腿臀桥，左腿右腿（见第113页）  > 低平板支撑（见第105页）  > 高平板支撑（见第105页）

船式（见第110页）  > 俄罗斯裤告式转体（见第111页）  > 船式至V字仰卧起坐（见第71页）  > 俄罗斯裤告式转体

船式至V字仰卧起坐  > 俄罗斯裤告式转体  > 船式

第二组 完成以下动作。每个动作保持20秒，两个动作间隔10秒。

战士一式，右侧（见第114页）	 站立坐椅，伸展双臂（见第112页）	 战士一式，左侧	 站立坐椅，伸展双臂
 战士二式，右侧（见第116页）	 站立坐椅，双臂祷告式置于身后	 战士二式，左侧	 站立坐椅，双臂祷告式置于身后
 战士一式，右侧，至战士弓步与触及，右侧（见第118页）	 站立坐椅，伸展双臂	 战士一式，左侧，至战士弓步与初级，左侧	 站立坐椅，伸展双臂
 战士二式，右侧，至反向战士二式，右侧（见第117页）	 站立坐椅，双臂鹰式（见第112页）	 战士二式，左侧，至反向战士二式，左侧	 站立坐椅，双臂鹰式

拉伸锻炼三

第三组 | 完成以下动作。每个动作保持20秒，两个动作间隔10秒。

高平板支撑（见第105页）。垂直向上抬起臀部至：

下犬式（见第107页）。举起左腿至：

分裂下犬式（见第108页）。屈右膝，脚跟对臀部

保持屈膝分裂下犬式或至狂野式（见第126页）

变回下犬式，举起右腿至：

分裂下犬式，屈左膝，脚跟对臀部

保持屈左膝分裂下犬式或至狂野式。回到：

下犬式

回到下弯（见第104页）

回到山式（见第102页）

> 每个动作都要做到最后，要拿出专业的决心和进步的斗志。

在山式休息5个呼吸时间（见第102页）。

164

第四组 完成以下动作。每个动作保持45秒，动作间隔无休息。重复5次。

站立坐椅（见第112页）  > 前弯（见第104页）。后退一步至：  > 高平板支撑（见第105页），走步至：  > 乌鸦式（见第122页），后退一步至：

高平板支撑，前进一步至：  > 前弯  > 加大难度站立坐椅，指尖着地（见第112页）

休息：山式伸展5个呼吸时间。

第五组 完成以下动作。每个动作保持60秒，动作间隔无休息。

侧立与T字站立，右侧左侧（见第124页）  > 膝盖前拉，右侧（见第109页）  > 膝盖前拉，左侧  > 臀桥（见第113页）

单腿臀桥，右腿左腿（见第113页）  > 扩展贝尔式（见第125页）

休息：在扩展贝尔式暂停5个呼吸时间（见第125页）。

■ 从前弯（见第104页）到山式，双手呈祷告式（见第102页）以完成动作。

休息，完成一次**全身冷却**（见第138 ~ 139页）。

165

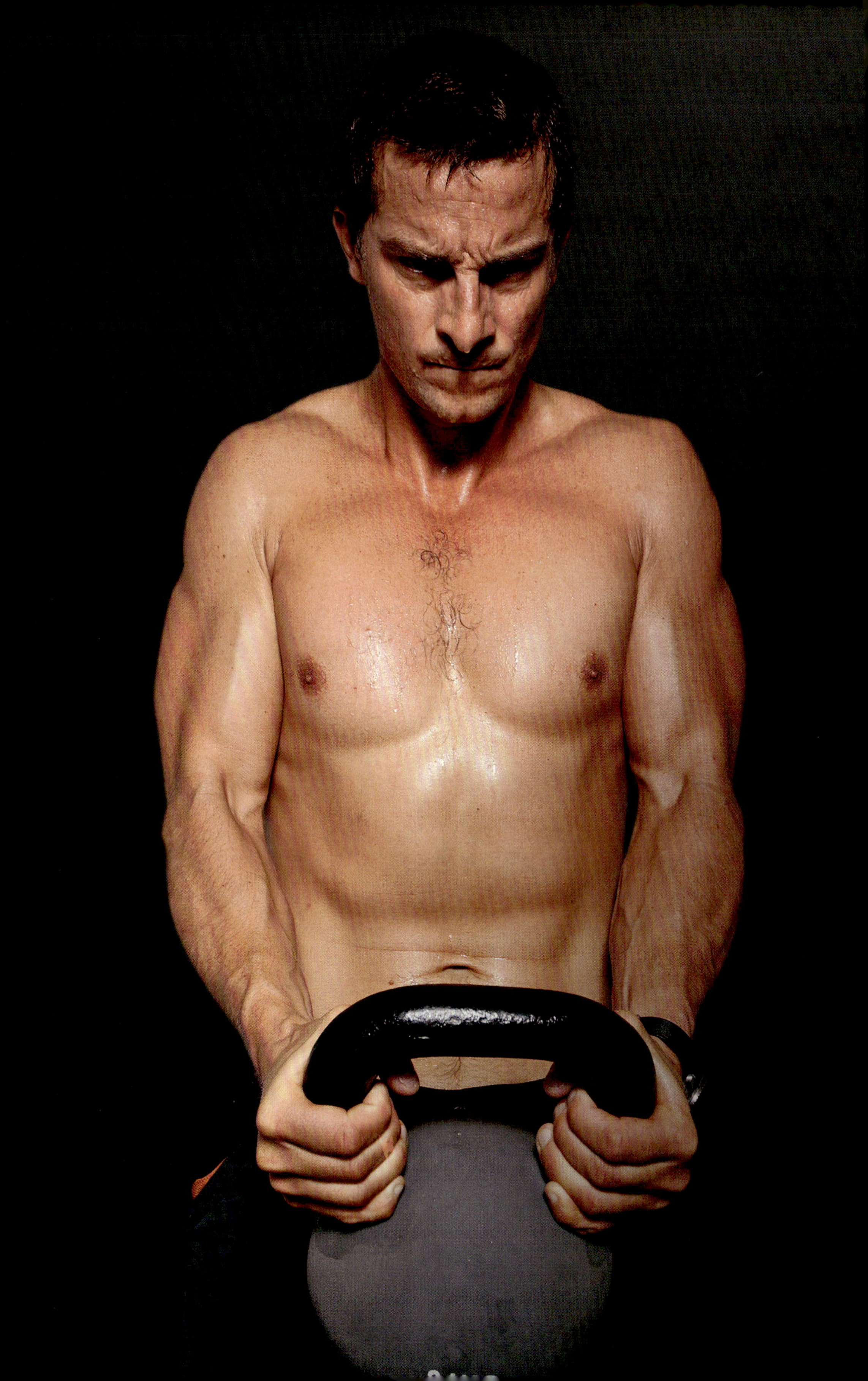

贝尔英雄式健身
BEAR'S HERO WORKOUTS

欢迎来到我的终极挑战：英雄锻炼。我和我的团队还有朋友们都非常热爱它，它分成10分钟、20分钟和30分钟的极限锻炼。

准备好深造吧！记住，结束的时候你可能会感到筋疲力尽，但是30分钟或者更短的时间内你就会又重新精力充沛面对人生任何挑战了！

记住集中注意力在技巧上，挖掘得越深，收获得越多。

英雄锻炼一

方式：壶铃，徒手，拉抻

时间：约30分钟

器材：单杠，壶铃，瑜伽垫。

完成**英雄热身**（见第 136 ~ 137 页）

第一组 | 完成以下动作，每锻炼20秒休息10秒。

| 引体向上，上手握法（见第90页） | 俯卧撑，抬右腿（见第94页） | 引体向上，窄手握法 | 俯卧撑，抬左腿 |

| 引体向上，上手握法 | 俯卧撑，抬右腿 | 引体向上，窄手握法 | 俯卧撑，抬左腿 |

休息1分钟

第二组 | 完成以下动作，每锻炼20秒休息10秒。

| 双臂壶铃军队推举（见第46页） | 壶铃弓步与推举，右腿（见第48页） | 壶铃弓步与推举，左腿 | 双臂壶铃军队推举 |

壶铃前蹲至推举，右侧左侧（见第44页）	 壶铃弓步与推举，右侧（见第48页）	 壶铃弓步与推举，左侧	 壶铃前蹲至推举，右侧左侧

休息1分钟

第三组 完成以下动作，每锻炼20秒休息10秒。

壶铃力量平板支撑伏地挺身划船（见第43页）	 爬行平板支撑（见第61页）	 壶铃力量平板支撑伏地挺身划船	 爬行平板支撑
 单臂壶铃划船，右侧（见第40页）	 单臂壶铃划船，左侧	 壶铃单臂平板支撑，右侧（见第41页）	 壶铃单臂平板支撑，左侧

休息1分钟

英雄锻炼一

第四组 完成以下动作，每锻炼20秒休息10秒。

侧立至T字形站立，右侧左侧（见第124页）  > 贝尔转体与推举（见第55页）  > 侧立至T字形站立，右侧左侧  > 贝尔转体与推举

反向俯卧撑（见第89页）  > 背起（见第99页）  > 反向俯卧撑  > 背起

休息1分钟

第五组 完成以下动作，3分钟内越多越好。

x6 6个 足尖触杆（见第93页） > x6 6个 悬垂举腿（见第92页） > x6 6个 交替爬山者与俯卧撑（见第66页）

休息1分钟

休息，完成一次**全身冷却**（见第138~139页）。

170

> 你要感觉到烧燃……

英雄锻炼二

方式：徒手，拉押

时间：约30分钟

器材：瑜伽垫。

完成英雄热身（见第 136 ~ 137 页）

第一组 | 完成以下动作60秒，动作间隙休息15秒。

| 原地跑 | > |   波比（见第 86 页） | > |  滑冰者式（见第 75 页） | > |  原地跑 |

休息2分钟

第二组 | 完成以下动作30秒，重复整组两次。

| 扩展山式（见第 103 页） | > |  深前弯（见第 104 页） | > |  深前弯 | > |  高平板支撑（见第 105 页） |

| 上犬式（见第 106 页） | > |  下犬式（见第 107 页） | > |  分裂下犬式，抬右腿（见第 108 页） | > |  膝盖内拉，右侧（见第 109 页） |

下犬式	分裂下犬式，抬左腿	内拉膝盖，左侧	下犬式
战士一式，右侧（见第114页）	站立坐椅（见第112页）	站立一式，左侧	加大难度站立坐椅，指尖着地
树式，右侧（见第120页）	树式，左侧	站立坐椅	

整组重做两次后，休息1分钟。

休息，完成一次**全身冷却**，从坐式脚筋拉伸（见第139页）开始。

英雄锻炼三

方式：壶铃，徒手，拉押

20分钟完成以下动作。

时间：高强度20分钟

器材：壶铃，瑜伽垫。

完成**英雄热身**（见第136～137页）

第一组 | 完成以下动作。8分钟内尽可能多次重复整组。最后必须感到筋疲力尽，否则加大壶铃重量。

- ×4 壶铃土耳其半起，右侧（见第57页）
- ×4 壶铃土耳其半起，左侧
- ×4 壶铃风车，右侧（见第51页）
- ×4 壶铃风车式，左侧
- ×4 壶铃弓步与推举，右侧（见第48页）
- ×4 壶铃弓步与推举，左侧

第二组 | 连续完成以下动作，每个动作保持45秒，动作间隙无休息。

- 三角式，右侧（见第119页）
- 战士二式，右侧（见第116页） 
- 战士一式，右侧（见第114页） 
- 加大难度站立坐椅，脚尖着地（见第112页）

三角式，左侧	战士二式，左侧	战士一式，左侧	加大难度站立坐椅，脚尖着地

休息1分钟

第三组 连续完成以下动作1分钟，动作间隙无休息。

臀桥点地（见第85页）	俄罗斯祷告式转体（见第111页）	腹肌内拉（见第38页）	背起（见第99页）

爬行平板支撑（见第61页）

> " 时间越短，表示你需要越努力。极限燃烧，极限心跳，极限力量与肌肉颤抖！ "

休息1分钟

休息，完成一次**全身冷却**（见第138～139页）。

175

英雄锻炼四

方式：壶铃，徒手，拉押

完成以下动作一次10分钟，两次20分钟，三次30分钟。

时间：10分钟、20分钟或30分

器材：壶铃，瑜伽垫。

完成**英雄热身**（见第136～137页）

第一组 | 完成以下动作。每锻炼20秒休息10秒。

高脚深蹲（见第45页） > 爬山者式（见第65页） > 高脚深蹲 > 交替爬山者式（见第66页）

深蹲举臂（见第80页） > 高抬腿（见第76页） > 深蹲举臂 > 高抬腿

休息30秒

第二组 | 完成以下动作。3分钟内尽量整组重复多次。

x10 贝尔内掖（见第84页） > x10 双手摇摆（见第31页） > x10 高到低平板支撑（见第62页）

第三组 完成以下动作30秒，动作间隔无休息。

蜘蛛式侧平板支撑，右侧（见第64页）  > 蜘蛛式侧平板支撑，左侧  > 壶铃三点俄罗斯转体（见第56页）  > 单手平板支撑，右手（见第62页）

单手平板支撑，左侧

> " 你的潜力是无限的——做得更多，训练得更好，就会精力充沛，恢复更快，更加健壮。"

休息30秒

休息并完成一次**全身冷却**（见第138～139页）。

英雄锻炼五

方式：壶铃，徒手

完成以下动作，一次10分钟，两次20分钟或三次30分钟

时间：10分钟、20分钟或30

器材：壶铃，瑜伽垫，单杠。

完成**英雄热身**（见第 136 ～ 137 页）

第一组 | 完成以下动作20秒，动作间隔10秒。

引体向上（见第 90 页）  > 贝尔内掖（见第 84 页）  > 腹部摇摆（见第 74 页）  > 龙式俯卧撑（见第 95 页）

悬垂举腿（见第 92 页），落地至：  > 窄俯卧撑（见第 98 页）  > 空中蹬车（见第 72 页）  > 窄引体向上（见第 90 页）

高脚深蹲至二头肌至双手军队推举（见第 45 与第 49 页）  > 交替爬山者（见第 66 页）  > 壶铃俄罗斯转体（见第 54 ～ 55 页）  > 三头肌至超人式推举（见第 98 页）

| 二头肌至双手军队推举 | 双手摇摆（见第 31 页） | 爬山者式（见第 65 页） | 背起（见第 99 页） |

休息 1 分钟

休息，完成一次**全身冷却**（见第 138～139 页）。

> "
> 呼吸困难，大汗淋漓，全身燃烧？有吗？好，有用！
> "

6 | 个人健身计划
DESIGNING A WORKOUT UNIQUE TO YOU

"专一，努力，持久——伟大运动员的基础。"

现在你熟悉了这些锻炼，你可以开始为自己制订一个计划。

这章我会告诉你怎样将这些锻炼整合出针对你个人目标的方案。

以下有几组练习方法和完成时间的统计数据。你可以根据这个来设计自己的方案：

1 决定练习课程：壶铃还是徒手。

2 选择特定的热身运动（见第 130～135 页）。

3 选择以下几点：

- 练习部位，比如全身。
- 练习方法，tabata，AMRAP 或者密集训练。
- 时间，比如如果你有 15 分钟则选择 2 个 4 分钟的练习组（记住要考虑热身和冷却时间）。

4 确保完成一次冷却（见第 138～139 页）。

下面是一个可能的方案：

练习方法	壶铃练习
热身：约 3 ~ 6 分钟	**壶铃热身（见第 130~131 页）** ■ 8 个 肩部画圈，向前向后 ■ 8 个 手臂画圈，向前向后 ■ 8 个 臀部画圈，向右 ■ 8 个 臀部画圈，向左 ■ 8 个 顶髋 ■ 8 个 深蹲伴随抱臂与对角线打开 ■ 8 个 膝盖内拉至胸部 ■ 4 个 弓步侧弯，右侧 ■ 4 个 弓步侧弯，左侧 ■ 4 个 弓步转体，右侧 ■ 4 个 弓步转体，左侧 ■ 8 个 臀桥点地 ■ 8 个 壶铃硬举 ■ 8 个 站立腹部 8 字形 ■ 8 个 站立腹部 8 字形至伐木式
练习部位	全身与核心
练习方式	Tabata 与 AMRAP
时间	15 分钟（包括热身与冷却）
练习第一组 课程：壶铃 Tabata 三：核心 时间：4 分钟	完成以下动作 20 秒，动作间隙休息 10 秒。 ■ 壶铃力量平板支撑划船，右侧（见第 42 页） ■ 壶铃力量平板支撑划船，左侧 ■ 壶铃俄罗斯转体（见第 54~55 页） ■ 壶铃力量平板支撑划船，右侧 ■ 壶铃力量平板支撑划船，左侧 ■ 壶铃俄罗斯转体 ■ 壶铃单臂平板支撑（右臂）（见第 41 页） ■ 壶铃单臂平板支撑（左臂）
练习第二组 课程：壶铃 AMRAP 一：全身 时间：5 分钟	完成以下动作，5 分钟内尽可能重复多次。 ■ 4 个 二头肌至双手军队式推举（见第 49 页） ■ 4 个 腹部紧缩至站立（见第 39 页） ■ 4 个 高脚深蹲（见第 45 页） ■ 4 个 壶铃力量平板支撑划船（见第 43 页）
冷却： 约 3 ~ 6 分钟	全身伸展

这样设计自己的锻炼方案非常有乐趣。以下几个壶铃与徒手锻炼组供你选择。按照方法和方式分组，沉浸其中，尽情发挥吧！

壶铃练习组

壶铃TABATATA

TABATA 完成以下动作，每锻炼20秒休息10秒。　　　　背部　　时间：**4分钟**

壶铃硬举（见第34页）	单腿硬举，右腿（见第35页）	壶铃硬举	单腿硬举，左腿
壶铃硬举	单臂壶铃划船（腿部战士式），右臂（见第40页）	壶铃硬举	单臂壶铃划船（腿部战士式），左臂

TABATA二 完成以下动作，每锻炼20秒休息10秒。　　　背部　　时间：**4分钟**

壶铃俄罗斯转体（见第54~55页） 　＞　站立腹部8字形（见第32页） 　＞　高脚深蹲（见第45页） 　＞　腹部紧缩站立（见第39页）

壶铃俯卧撑（见第53页） 　＞　贝尔跳跃点地至双臂壶铃军队推举（见第46与第47页） 　＞　二头肌至双手军队推举（见第49页） 　＞　壶铃胸推（见第50页）

TABATA三 完成以下动作，每锻炼20秒休息10秒。　　　背部　　时间：**4分钟**

壶铃力量平板支撑划船，右侧（见第42页） 　＞　壶铃力量平板支撑划船，左侧 　＞　壶铃俄罗斯转体（见第54~55页） 　＞　壶铃力量平板支撑划船，右侧

壶铃力量平板支撑划船，左侧 　＞　壶铃俄罗斯转体 　＞　壶铃单臂平板支撑，右侧（见第41页） 　＞　壶铃单臂平板支撑，左侧

183

壶铃AMRAP

AMRAP一 | 完成以下动作，8分钟内尽量重复多次。　　　　　　背部　　时间：**8分钟**

- x4 二头肌至双手军队式推举（见第49页） 
- x4 腹部紧缩至站立（见第39页） 
- x4 高脚深蹲（见第45页） 
- x4 壶铃力量平板支撑伏地挺身划船（见第43页）

AMRAP二 | 完成以下动作，6分钟内尽量重复多次。　　　　　　背部　　时间：**6分钟**

- x6 双手摇摆（见第31页） 
- x6 高脚深蹲（见第45页） 
- x6 壶铃弓步推举，右侧（见第48页） 
- x6 壶铃弓步推举，左侧 
- x6 单腿硬举，右侧（见第35页） 
- x6 单腿硬举，左侧

> " 每一次都比之前努力，看起来就会越来越健美。 "

AMRAP 三 完成以下动作，5分钟内尽量重复多次。　　　　　　　　　　　背部　｜　时间：**5分钟**

x10 臀桥与壶铃胸推（见第36页）

x10 贝尔转体与推举（见第55页）

x10 单手摇摆，右手（见第30页）

x10 单手摇摆，左手

x10 单臂军队式推举，右臂（见第46页）

x10 单臂军队式推举，左臂

x10 壶铃胸推（见第50页）

壶铃密集

密集一 连续完成以下动作无休息。　　　　　　　　　　　胸与腿　｜　时间：**3分钟**

x15 壶铃俯卧撑（见第53页）

x15 高脚深蹲（见第45页）

徒手练习组
徒手TABATA

TABATA—完成以下动作，每锻炼20秒休息10秒。　　　　　全身　　时间：**4分钟**

高抬腿（见第76页）  > 龙式俯卧撑（见第95页）  > 滑冰者式（见第75页）  > 三头肌至超人式推举（见第98页）

贝尔深蹲（见第82页）  > 深蹲至腹部滚动至站立（见第81页）  > 贝尔跳跃点地（见第67页）  > 空中蹬车（见第72页）

TABATA二 完成以下动作，每锻炼20秒休息10秒。　　心血管，腿，核心　　时间：4分钟

- 高抬腿（见第76页）
- 交替爬山者式（见第66页）
- 高抬腿挥臂（见第76页）
- 蚂蚱式（见第68~69页）
- 波比（见第86页）
- 高至低平板支撑（见第62页）
- 波比
- 爬行平板支撑（见第61页）

TABATA三 完成以下动作，每锻炼20秒休息10秒。　　上身，核心，平衡　　时间：4分钟

- 龙式俯卧撑（见第95页）
- 手枪式深蹲，右侧（见第78页）
- 手枪式深蹲，左侧
- 力量滑冰式（见第75页）
- 龙式俯卧撑
- 手枪式深蹲，右侧
- 手枪式深蹲，左侧
- 力量滑冰式

徒手AMRAP

AMRAP一 | 完成以下动作，5分钟内尽量重复多次。　　下身与核心　　时间：**5分钟**

- x4 贝尔跳跃点地（见第67页） 
- x4 贝尔内掖（见第84页） 
- x4 蚂蚱式（见第68~69页） 
- x4 交替爬山者式（见第66页）

AMRAP二 | 完成以下动作，5分钟内尽量重复多次。　　上身与核心　　时间：**5分钟**

- x6 反向俯卧撑（见第89页） 
- x6 足尖触杆（见第93页） 
- x6 腹部摇摆（见第74页） 
- x6 三头肌至超人式推举（见第98页）

AMRAP三 | 完成以下动作，3分钟内尽量重复多次。　　全身　　时间：**3分钟**

- x3 引体向上（见第90页）
- x3 俯卧撑（见第94页） 
- x3 贝尔跳跃点地（见第67页） 
- x3 腹部摇摆（见第74页） 
- x3 三头肌至超人式推举（见第98页）

徒手密集

密集一 连续完成以下动作30秒。　　　　　　　下身与腹部　　时间：**3分钟**

尺蠖式（见第 70 页） 　>　贝尔跳跃点地（见第 67 页） 　>　深蹲至腹部卷起至站立（见第 81 页） 　>　高抬腿（见第 76 页）

贝尔深蹲（见第 82 页） 　>　俄罗斯转体（见第 73 页）

7 | 能量与修复
FUEL AND RECOVERY

"饮食健康。锻炼规律。"

如果你是有目的地锻炼并且想获得成效，你必须明白饮食的重要性。

换言之，即使你每天做足俯卧撑，但是吃垃圾食品，你也绝对不会长出六块腹肌。

我常听到人们说："太好了，我这么常去运动可以毫不内疚地吃汉堡了！"但是事实不应该是这样的。

是，偶尔的宵夜并无大碍，但是这不应该是坏的饮食习惯的借口。

你要知道，良好的营养是健美的基础。

我花了很多年才明白健康和平衡饮食的重要性。没人教过我应该怎么吃饭。我倒是希望有过！因此我必须在黑暗中摸索，经历错误、苦心阅读才寻找到方法！

虽然我有比普通人健美的身体，但其实我小的时候并非如此。我看起来并不像我事实上的那么强壮。但是我现在知道了，当健康的饮食、强效的锻炼和积极的态度结合在一起时，才能拥有健康且令人自豪的身体。

这当然是常识，但是也需要阐明清楚，极少营养甚至没有营养的垃圾食品对健身只会有百害而无一利。相信我，我可以一一道来，饮食和锻炼对六块腹肌的影响算一半一半。

所以，拿出跟锻炼一样的精力、自制力和注意力在饮食上，效果会非常显著，我保证。

> 好消息是，休息和修复也是实现健身目标的基础，所以好好享受休息的过程吧，这是你应得的！

自然真实的方法

我自然真实的营养方式的基本原则就是吃尽可能接近自然及完整状态的食物,不含添加剂或者防腐剂,尽量远离人工成分。选择质量最好的有机产品。

人们总说,那样会花很多钱。但是事实却是,如果你理智购物并且自己下厨,并不需要花费很多。啤酒和现成的食物在很多情况下并不是最便宜的选择。

我的重点就是吃得简单自然,保持强壮和健康。

可吃:
- 食草动物的肉
- 有机鱼/海鲜
- 有机新鲜水果和蔬菜
- 有机散养鸡蛋
- 有机坚果与果实
- 有机油(橄榄油、核桃油、亚麻籽油、澳洲坚果油、牛油果油、椰子油)

适量:
- 土豆
- 乳制品
- 精制糖
- 加工食品
- 碳水化合物,比如面包、意面、米饭
- 精制盐
- 精制蔬菜油
- 酒

生存能量

"努力锻炼,健康饮食,深度休息,保持下去,你将变成一个运动健儿。"

生存能量的概念可以追溯到我们的祖先,那些狩猎者和采集者只吃他们能找到的食物,饮食就是为了生存。现代生活里,世界变得越来越方便,我们开发和食用那些满足我们味蕾的食物,而非那些帮助我们生存的营养丰富的食物。

我个人的健康和健美生涯中关键的一步就是重新看待营养。我需要重新开始思考什么是我为了生存需要吃的食物,然后让身体慢慢接受他们。

我做的最大的改变是食量和每类食物所占的比例。我减少了食量,并开始遵循由40%的碳水化合物(主要来源于水果和蔬菜),40%的蛋白质(适量红肉)和20%的优质脂肪组成的均衡饮食。

虽然我的饮食营养丰富,但是一点变化也能够对我整个健身产生巨大的影响。我加了更多的蔬菜,更多的白肉而不是红肉,并且将吃鱼肉的频率增加到每周两次。我开始限制精制糖的摄取,同样还有那些简单的碳水化合物,像土豆、面包、意面,以及乳制品和香肠等加工肉制品中的饱和脂肪。

最重要的一课是学习如何将这些东西烹饪成美味的食物。现在比以前简单多了,因为网络上有很多可学习的菜谱。

比如做比萨的时候,我想用菜花,上网搜索就可以了!或者我可以用椰子油、可可粉和枫糖在两分钟内做出巧克力。这样的比萨和巧克力非常美味,我保证!

这种健康的饮食要求我们必须改掉味蕾对盐、糖和脂肪的向往，因为他们遮盖住了食物本身的味道，还要重塑我们的思维方式，让我们知道健康的饮食也可以是美味的。

只要致力于学习，你就会找到窍门，愿意努力探索去成为饮食专家。

我做了两个关键的事：第一是只买健康的原材料，第二是寻找只有这些原材料的食谱。一天一天坚持下去会发现吃得简单了，也有趣了，再加上我的努力，健美的目标指日可待。

事实上，关于营养的学问需要极大的篇幅去阐述，我在另外一本书——《健康营养手册》中会详细介绍。同时将它融入你的生活和健身中，你会看到可喜的变化。

简单来说，良好的营养就是健美的关键。要接受这个事实。

80%的时间里我喜欢吃高质量的新鲜水果，蔬菜，脂肪，蛋白和复合碳水化合物。我虽然不是专业的营养学家，但是我经历过不健康饮食给我带来的后果，也自己去研究过什么才是正确，我确定当我吃一些简单碳水化合物、过量的糖和劣质脂肪时，身体会崩溃，导致我的锻炼也效果不佳，我需要付出更多努力。

我当然不是让你日复一日永远吃这些纯天然的食物。你我都是人，循规蹈矩的生活会极其无聊！所以我的比例是80：20，80%是真实自然的食物，剩下的时间你可以放纵自己。适量就好。

食物组

碳水化合物

我们的身体需要碳水化合物，分为以下两类：

简单碳水化合物（糖）：含过量精制糖分会打破能量链。比如白面包、白饭、白意面、蛋糕等。

复合碳水化合物（淀粉）：虽然含大量糖，但是释放能量较缓慢，并且能够稳定能量链。比如全麦意面、黄饭、黑麦面包、藜麦等。

这些复合碳水化合物虽然健康，但是我个人建议还是要适量。

蛋白质

蛋白质帮助身体成长构建肌肉。蛋白质/必要氨基酸是能量的来源，帮助燃烧热量，促进减脂。

脂肪

身体需要优质脂肪来消化维生素。它们能让能量燃烧更持久。

锻炼能量

你一整天的能量链取决于锻炼前后。我用了很久才明白正确的道理！这需要经验，所以开始用进程表记录适合自己的方式吧（见附录，203 页）。

锻炼前

我发现在锻炼之前进食是必需的，它能提供我高强度锻炼过程需要的能量。

一般我都在早上锻炼，所以我把早餐当做我锻炼前的进食，吃完后一小时开始锻炼。开始一天的最好食物就是绿色奶昔了。

贝尔的快速启动奶昔

- 1 根香蕉
- 少许生燕麦
- 少许生甘蓝或有机菠菜
- 1 个有机黄瓜（带皮搅拌）
- 1 勺绿色蔬菜粉（我的包括螺旋藻、冰草、羽衣甘蓝和抱子甘蓝）
- 冰水
- 新鲜生姜，去皮剁碎，调味

放在一起搅拌混合（榨汁机会把水果蔬菜的皮和纤维破坏，所以我一般只混合）！

我的奶昔也可以用健康多营养的早餐代替。

- 非乳清蛋白粉混合杏仁奶和一根香蕉、莓类和蜂蜜，加冰和少许燕麦。
- 散养鸡蛋是终极快餐（特别是蛋黄）。
- 燕麦混合杏仁奶。
- 杏仁黄油和香蕉配烤黑麦面包（好吃）。
- 烟熏三文鱼和水煮蛋，加芦笋或其他新鲜绿色蔬菜。

建议： 我喜欢非乳清蛋白的乳制品。豌豆和糙米蛋白粉都可以。

跑步时想吃点东西？做几个燕麦煎饼早上放在冰箱里。我喜欢跟枫糖或者杏仁黄油和香蕉配在一起。

蛋白质在锻炼结束后的修复过程中起到至关重要的作用，帮助肌肉的修复和合成。

燕麦煎饼

- 4 个鸡蛋
- 200 克正宗希腊酸奶（远离乳制品的话，尽量少吃，我就是）
- 100 克有机燕麦
- 肉桂调味
- 半勺椰子油

将鸡蛋打碎搅拌，加酸奶、燕麦和肉桂。混合至黏稠状。

加热锅中椰子油，将黏稠状混合物倒入，烹饪直到变黄，小心翻面，直到两面均金黄。

我一般用椰子油做饭，而非橄榄油或者蔬菜油。因为这样更健康，加热时会保留更多营养（而且不会尝到椰子味）。

几个我常吃的锻炼后食物：

- 烤草饲瘦牛排加有机蔬菜与红薯。
- 有机蒸鱼加烤番茄，蔬菜与藜麦。
- 炒蔬菜加鸡蛋与腰果。
- 烤草饲鸡或火鸡加柠檬和新鲜草类配多种颜色蔬菜。
- 蛋白粉加杏仁牛奶和香蕉、莓类、蜂蜜混合冰块（这种奶昔非常简单方便，又富含蛋白质和营养）。

想吃健康甜点？

我很爱吃甜食。对我来说一顿饭少了甜食就不完整，但是我不能真的这样做。我一般的选择是要不是几块自己用木薯和杏仁奶还有蜂蜜香蕉蛋白粉做的巧克力，要不就是一块无奶无白糖无白面粉的太妃布丁（我有时候会用椰子油代替黄油，甜叶菊代替糖，杏仁面粉代替白面粉，很好吃）！重点是，味觉的满足不应该靠量来获得。这是甜点的关键。

锻炼后

在我锻炼完成后我会立刻进食蛋白质零食，比如无盐生坚果和莓类，或者苹果块加杏仁黄油，然后 1~2 小时候后吃蛋白质与碳水化合物正餐。

> **补品**
>
> 我对很多合成补充剂抱有非常谨慎的态度，我的补充剂仅限于以下几种：
>
> - Juice Plus 牌果汁，原材料是天然的水果和蔬菜
> - 1 颗欧米伽 3-6-9 胶囊
> - 一些益生粉
> - 维生素 D_3
>
> 除了这些，我的食物原料都是纯天然的。

一个快速简单判断你是否缺水的办法就是看尿液的颜色。简单来说，身体含水量越高，尿液的颜色就越浅。别让自己处于缺水状态。你的肌肉和身体都需要水分。还要远离那些含糖的饮料。从自然中获取矿物质和盐分吧（椰子水也是我的最爱）！

就像我说的，锻炼期间的高水合水平可以让你更精力充沛更高效。这意味着你需要在锻炼前锻炼中和锻炼后都进行补水。我一般锻炼前 45 分钟会喝 500 毫升水。在锻炼中，我一般在动作间休息时小口喝水来平衡我的出汗量。

锻炼后的喝水量取决于你锻炼的强度。最好是每天 2 升以平衡失水，并定时用尿液颜色检验自己的含水量。哦，除非你濒临死亡或者极度缺水，否则不要饮用自己的尿液！

大量喝水

没错，我现在要说排泄了。保持身体大量水分对于能量真的很重要，能帮助身体代谢食物，从而让你获得健身的最大效果。

1. 含水
2. 含水
3. 含水
4. 缺水
5. 缺水
6. 缺水
7. 严重缺水
8. 严重缺水

> 缩短锻炼时间，让它生动有趣起来，它很快就会变成伴随你一生的好习惯。

附录 | **跟踪进度**
TRACKING YOUR PROGRESS

"相信你自己，重要的是你已经做了多少，而不是还要做多少。"

体力活动适应力问卷调查（PARQ）

有规律的身体活动都非常有趣且对健康十分有益！经常活动对大多数人来说都是安全的，但是有些人还是应该在健身之前去咨询医生。

如果你是刚刚开始锻炼，我们建议你先做好这份问卷调查。

如果你的年龄在15~69岁，这份问卷调查将会反映你是否需要咨询医生。

如果你的年龄超过69岁，而且你之前没有坚持锻炼，那么我们建议你去咨询医生，特别是英雄式动作！

回答问题的时候用你自己的常识就可以，认真阅读问题，诚实回答问题。

记住：这是你的人生 —— 为之锻炼。

TICK YES OR NO:		
YES	NO	
		1. 你的医生是否告诉过你有心脏方面的问题，以至于锻炼要遵医嘱？
		2. 你锻炼时胸口是否感到疼痛？
		3. 过去的一个月里，你是否在不锻炼的时候感到胸口疼痛？
		4. 是否有医生告诉过你，你有哮喘？
		5. 是否有医生告诉过你，你有糖尿病？
		6. 你是否有眩晕或者昏厥的现象？
		7. 你是否有骨头或关节会因为锻炼出现问题？
		8. 你的医生是否现在在给你服用处方药（比如安眠药），用以稳定血压或治疗心脏疾病？
		9. 你还知道你有其他导致你不能锻炼的因素吗？

如果你对以上一个或者更多问题的答案为"是"：

我们建议你在锻炼之前咨询你的医生。告诉医生你做过这个问卷调查，并告诉他哪些问题你的回到是"是"。

- 做所有锻炼都要循序渐进，或者你应该只做对你绝对安全的锻炼。告诉医生你的锻炼意愿，谨遵医嘱。
- 如果你没有准备好进行我的这些锻炼，但是你确实希望开始健身的话，你可以尝试周围其他安全的锻炼项目。

如果你的答案全部都是"否"：

如果你的答案全部都是"否"，你可以：

- 开始加强锻炼。如果你刚刚开始，那么循序渐进。这是最安全也是最简单的方法。
- 完成体能测试（见第 202 页）。这是反映身体基本素质的一个不错的方法。

休息是为了更好地锻炼

- 如果你感到不舒服，比如感冒发烧，等病好了再锻炼。
- 如果你已经怀孕或者正在备孕，锻炼前咨询医生。

199

> 如果你的身体状态有所变化，上页的问题出现了"是"的答案，要告诉你的健身教练，并询问是否应该改变健身计划。

测绘你的身体

在开始全新的训练计划之前，记录、跟踪和评估你的体能水平。如果你像我，不是专业运动员，开始的时候会有点令人生畏，但是别沮丧，也别害怕，这将是一场漫长之旅。重要的是记住万事开头难。另外，如果你已经读到这里，你已经迈出了第一步。

设定一个起点并且跟踪进度，你将会看到你自己的进步。现在就拿起相机、笔和尺开始吧。

拍照留念

记录进度的好办法就是拍照。对比照可以在视觉上跟踪到微小或者巨大的身体变化（我需要在电视上经常裸露上身成了我的动力，我可以在电视节目上看到我自己的身体变化）。

好好拍照，保证你可以清楚看到自己的全身。让别人拍下你的前身、后背和侧边。

> 记住，你不用在网络上晒出自己的对比照。我的建议是一切都是隐私。照片是给自己看的。但是如果你想要分享经验和方法（虽然会不好看，但是也是一种方式）用 #yourlifetrainforit 在 twitter 上参加。

你可以使用锻炼和进度日记（见第 203 页）记录下每周每天每时你看到照片后的感受。

当你成功完成六周的锻炼后，拍下第二组照片，跟第一组用同样的位置和动作。最好是穿一样的衣服，在一天中的同一时间拍下。保持每六周拍一组照片，直到锻炼结束。

测量你的身体

这是跟踪进度的最有效也是最重要的工具。可以测量体重，如果你想要记录下来，但是你要知道体重并不是最精确反映锻炼的数据。因为你的肌肉正在增加，可能事实上体重会增加。体重秤只能看到整体的重量，而不是体脂的比例。

有一种更精确的测量办法，用尺测量身体每部分的尺寸。以下是如何精确测量的几个建议：

- 每天的同一时间测量，用同一把尺。
- 确保每次测量同一位置。可以用身体上的记号做标准。比如雀斑、痣或者疤痕。
- 不要吸气或者收腹，要真实！
- 记录以下几处：

－颈部——测量颈部中线的周长。
－肩膀——站直测量双肩的周长。
－胸部——测量胸围和乳间距离。
－二头肌——测两项。找到上臂的中点，测量用力和放松时的周长。
－高腰——找到肋骨底端测量上身周长。
－腰部——将手指置于肚脐，测量腰部周长，确保卷尺平行于地面。
－臀部——测量臀部最宽处周长。
－大腿——找到膝盖与大腿根部中线，测量该点周长。
－小腿——找到小腿中线，测量该点周长。

健康测试

好了，你已经测量完身体各项指数了。现在来评估健康水平。最有效的就是做这个健康测试。

这个测试只是针对你自己的，不要去跟别人比较，只跟六周内的自己比较。这个测试应该每六周做一次，直到达成锻炼目标。目的是自我评估和让你看到自己的进步。

好，开始吧！

怎样完成这个健康测试

在你开始之前，确保：

- 学习动作（见第 24 ~ 127 页）。
- 用练习进度表记录（见第 203 ~ 206 页）。
- 每六周做一次此测试，确保是在一天中的同一时刻进行。

测试

1. 先热身（见第 132 ~ 133 页）。

2. 各完成以下练习 1 分钟，间隔休息 30 秒。将结果记录在空白处。

练习	难度易	难度中	难度大	重复次数
俯卧撑	膝盖着地	指尖着地	力量	
俄罗斯转体	双脚着地	双脚抬起	3 点俄罗斯转体	
波比	无跳	有跳	抱膝跳	
高脚深蹲至军队式过头推举	8 千克壶铃	12 千克壶铃	16 千克壶铃	
双手壶铃摇摆	8 千克壶铃	12 千克壶铃	16 千克壶铃	
平板支撑	基础	单腿	单臂壶铃	

3. 做平板支撑，记录保持低平板支撑的时间。

    如果超过 2 分钟，进阶到单腿平板支撑。
    如果单腿平板支撑超过 2 分钟，进阶到单臂壶铃平板支撑。
    休息 1 分钟。

4. 柔韧性测试：

    坐姿，背部抵墙，双腿向前伸直。
    臀部用力向前，双手向前伸展，背部保持。
    背部挺直全力伸展。
    记录下最远可触及的地方。比如到小腿，过脚踝，脚趾或超过脚趾。让别人拍照记录下来。

5. 休息，完成一次全身冷却（见第 138 ~ 139 页）。

12 周练习进度表

"不跟别人比较，只跟自己比较。"

日期：

你开始的动力是什么？

你的健身终极目标：

短期健身目标：

- 3 周

- 6 周

中期健身目标：

- 12 周

- 18 周

长期健身目标：

- 4 个月

- 8 个月

- 12 个月

第一周　身体图

日期：　　　　　　　　时间：

照片：

| 前面 | 侧面 | 后面 |

体重：

尺寸：

重点肌肉部位：

重点减脂部位：

颈部
肩部
胸部
二头肌
高腰
腰部
臀部
大腿
小腿

身体图

完成你的健康评估，并在下面的表格中记录结果。

练习	难度易	难度中	难度大	重复次数
俯卧撑	膝盖着地	脚尖着地	力量	
俄罗斯转体	双脚着地	双脚抬起	3 点俄罗斯转体	
波比	无跳	有跳	抱膝跳	
高脚深蹲至军队过头推举	8 千克壶铃	12 千克壶铃	16 千克壶铃	
双手壶铃摇摆	8 千克壶铃	12 千克壶铃	16 千克壶铃	
平板支撑	基础	单腿	单臂壶铃	

感觉如何？

强烈 ☐　　虚弱 ☐　　充满活力 ☐　　充满斗志 ☐　　注意力集中 ☐　　充满挑战 ☐

204

第六周　身体图

日期：_____　　时间：_____

照片：

| 前面 | 侧面 | 后面 |

体重：_____

尺寸：_____

重点肌肉部位：_____

_____

重点减脂部位：_____

- 颈部
- 肩部
- 胸部
- 二头肌
- 高腰
- 腰部
- 臀部
- 大腿
- 小腿

身体图

完成你的健康评估，并在下面的表格中记录结果。

练习	难度易	难度中	难度大	重复次数
俯卧撑	膝盖着地	脚尖着地	力量	
俄罗斯转体	双脚着地	双脚抬起	3点俄罗斯转体	
波比	无跳	有跳	抱膝跳	
高脚深蹲至军队过头推举	8千克壶铃	12千克壶铃	16千克壶铃	
双手壶铃摇摆	8千克壶铃	12千克壶铃	16千克壶铃	
平板支撑	基础	单腿	单臂壶铃	

感觉如何？

强烈 ☐　　虚弱 ☐　　充满活力 ☐　　充满斗志 ☐　　注意力集中 ☐　　充满挑战 ☐

205

第十二周　身体图

日期：_____　　时间：_____

照片：

| 前面 | 侧面 | 后面 |

体重：_____

尺寸：_____

重点肌肉部位：_____

_____

重点减脂部位：_____

_____

- 颈部
- 肩部
- 胸部
- 二头肌
- 高腰
- 腰部
- 臀部
- 大腿
- 小腿

身体图
完成你的健康评估，并在下面的表格中记录结果。

练习	难度易	难度中	难度大	重复次数
俯卧撑	膝盖着地	脚尖着地	力量	
俄罗斯转体	双脚着地	双脚抬起	3点俄罗斯转体	
波比	无跳	有跳	抱膝跳	
高脚深蹲至军队过头推举	8千克壶铃	12千克壶铃	16千克壶铃	
双手壶铃摇摆	8千克壶铃	12千克壶铃	16千克壶铃	
平板支撑	基础	单腿	单臂壶铃	

感觉如何？
强烈 ☐　　虚弱 ☐　　充满活力 ☐　　充满斗志 ☐　　注意力集中 ☐　　充满挑战 ☐

最后的话

记住，书里说的一切都是无意义的，除非你付诸行动。空有理论是没有用的。经历风雨才能看见彩虹，你必须付出实践和精力才能获得你想要的结果。

你将走上健美、健康、强壮的旅程，伴随乐趣并十分有效，时间不会太长，只要你去做。

要自律，这也是人生难能可贵的品质。要遵守承诺，要在即使许下诺言的冲动过后依旧要完成！

要坚持，要有恒心。好的结果都是来之不易的。

但是偶尔的放纵也是可以通融的，或者一顿甜食或者一个周末，奖励自己，更好地上路。不用死守陈规，我们都需要放松！

最后一件事是试着寻找志同道合的伙伴，这样会让锻炼更加轻松。我是从空勤团服役时了解的这一点；有了这样的伙伴来分享喜怒哀乐，我感受到了翻天覆地的变化。

所以，开始吧！就这样成为一个激情的求生者、一个有力的运动者和一个未来的赢家吧。我迫不及待要听你们的故事了。写下来告诉我，拍照给我看！我非常期待。这样的故事让我觉得我们是一体的。

像你一样，我也还在路上——一条没有终点的路，但是路本身就是终点。

这一切都是关于健美，健康和强壮，日复一日，我们整装待发，拥抱生命中所有奇遇。

"所以，坚持下去！别放弃！这是你的人生，为之锻炼。"

图书在版编目（CIP）数据

硬核健身：贝尔速成训练法 ／（英）贝尔·格里尔斯，（英）娜塔莉·萨默斯著；李涵嫣译． — 北京：金城出版社有限公司，2023.7
书名原文：YOUR LIFE：TRAIN FOR IT
ISBN 978-7-5155-2428-3

Ⅰ．①硬⋯ Ⅱ．①贝⋯ ②娜⋯ ③李⋯ Ⅲ．①健身运动–基本知识 Ⅳ．① G883

中国版本图书馆 CIP 数据核字（2022）第 245211 号

YOUR LIFE: TRAIN FOR IT by BEAR GRYLLS
Copyright © Bear Grylls Ventures and Natalie Summers 2014
This edition arranged with Bantam Press, an imprint of Transworld Publishers
through Andrew Nurnberg Associates International Ltd., London, UK.
Simplified Chinese edition
Translation copyright © 2023 by by Gold Wall Press CO., Ltd.
All rights reserved.

硬核健身：贝尔速成训练法
YINGHE JIANSHEN: BEIER SUCHENG XUNLIANFA

作　　者	（英）贝尔·格里尔斯　　（英）娜塔莉·萨默斯
译　　者	李涵嫣
责任编辑	王思硕
责任校对	许　姗
责任印制	李仕杰
开　　本	710毫米×1000毫米　1/16
印　　张	13
字　　数	190千字
版　　次	2023年7月第1版
印　　次	2023年7月第1次印刷
印　　刷	鑫艺佳利（天津）印刷有限公司
书　　号	ISBN 978-7-5155-2428-3
定　　价	68.00元

出版发行	金城出版社有限公司　北京市朝阳区利泽东二路3号　邮编：100102
发 行 部	(010) 84254364
编 辑 部	(010) 64391966
总 编 室	(010) 64228516
网　　址	http://www.jccb.com.cn
电子邮箱	jinchengchuban@163.com
法律顾问	北京植德律师事务所　18911105819